婴幼儿日常
教养环境创设与指导

YINGYOUER RICHANG
JIAOYANG HUANJING
CHUANGSHE YU ZHIDAO

龚 欣/主编

小材大用

玩转空间

华东师范大学出版社
上海

图书在版编目（CIP）数据

婴幼儿日常教养环境创设与指导 / 龚欣主编 . -- 上海 : 华东师范大学出版社 , 2022

ISBN 978-7-5760-2606-1

Ⅰ . ①婴… Ⅱ . ①龚… Ⅲ . ①学前教育 – 教学参考资料 Ⅳ . ① G613

中国版本图书馆 CIP 数据核字 (2022) 第 029370 号

婴幼儿日常教养环境创设与指导

主　　编　龚　欣
责任编辑　宣晓风
特约审读　严　婧
责任校对　时东明　王丽平
装帧设计　冯逸珺

出版发行　华东师范大学出版社
社　　址　上海市中山北路 3663 号　　邮编　200062
网　　址　www.ecnupress.com.cn
电　　话　021-60821666　行政传真　021-62572105
客服电话　021-62865537　门市（邮购）电话 021-62869887
地　　址　上海市中山北路 3663 号华东师范大学校内先锋路口
网　　店　http://hdsdcbs.tmall.com

印 刷 者　上海商务联西印刷有限公司
开　　本　787毫米×1092毫米　1/16
印　　张　14
字　　数　293 千字
版　　次　2022 年 9 月第 1 版
印　　次　2025 年 2 月第 2 次
书　　号　ISBN 978-7-5760-2606-1
定　　价　65.00 元

出 版 人　王　焰

（如发现本版图书有印订质量问题，请寄回本社客服中心调换或电话 021-62865537 联系）

25—30 个月婴幼儿日常教养环境创设与指导

31—36 个月婴幼儿日常教养环境创设与指导

序

当我拿到第四本书的样稿时，内心充满了惊喜，感动于自2014年6月以来，厦门市思明区早教中心的龚欣主任和老师们一路走来的执着与成长，七年间连续撰写了四本早期教育专业书籍，从关注亲子课程到婴幼儿家长教养案例与答疑，再到着眼于婴幼儿家庭养育环境的创设，眼前仿佛浮现出她们孜孜不倦地在早教领域不断探索的身影……

我不仅欣喜于此系列四本书籍清新的版面设计，更惊艳于这第四本书的独特视角和内容安排。翻阅书稿，我真切地感受到了家庭环境创设的重要意义，生活中的材料对于婴幼儿的价值可谓"小材大用"。我的眼前仿佛浮现了这样的画面——千万个家庭为婴幼儿布置了温馨的居家环境，可爱的宝宝在这样有准备的环境中尽情地探索。那些低结构、低成本却又高质量的生活化材料真实地展现了世界最初的面貌，激发着婴幼儿的想象力和创造力，他们在一次次的操作和互动中积累着各类经验，收获各方面的成长……

国务院办公厅〔2019〕15号文件《国务院办公厅关于促进3岁以下婴幼儿照护服务发展的指导意见》指出，人的社会化进程始于家庭，家庭对婴幼儿的照护负主体责任，发展婴幼儿照护服务的重点是为家庭提供科学的养育指导。家庭是婴幼儿早期生活和学习的主要场所，作为最初和长期的生存环境，家庭为婴幼儿身心健康发展创造了条件，同时也是影响婴幼儿社会化的重要因素。0—3岁婴幼儿家庭中如何布置更合理的物理环境，如何设计和调整适宜婴幼儿发展的空间，怎样选择和投放适合婴幼儿活动的材料？又如何提供适宜的心理环境，在游戏活动中家长怎样与婴幼儿亲密互动，支持婴幼儿各方面能力的发展？这些都值得早期教育工作者去思考……

厦门市思明区早教中心立足于三级公益早教服务网络，指导公、民办不同性质的32家幼儿园开展早教活动，其基于实践的研究成果在区域内具有一定的代表性。中心的教师团队兢兢业业、不辞劳苦、坚持不懈，从亲子活动的实践到入户家庭的指导，一步步深入研究，全方位关注婴幼儿的成长，并给予家长科学、专业的育儿指导。近年来，早教中心从关注婴幼儿家庭的成长环境入手，形成了一系列丰硕的研究成果。教师们能根据婴幼儿的生理、心理特点,指导家庭创设适宜的养育、教育环境,满足婴幼儿对游戏丰富性和多样性的要求,有效提高家长在家庭中的科学养育水平。

　　书中的心理环境创设、家庭区域划分以及生活化游戏材料提供等建议都非常适合0—3岁的婴幼儿散养家庭,同时,也适用于相关托育机构的环境设置与玩具配备。精选的素材来源于生活、落实于生活,最终也服务于生活。相信此书能给广大的早期教育工作者、从事婴幼儿照护服务的人员以及0—3岁婴幼儿的家长们带来一些启示和借鉴。期盼相关人员能从书中汲取精华,指导和创设适宜的家庭环境,家长们能够深入理解早期教育的真正意义,让更多的生活化材料的价值被发掘,使婴幼儿在家中拥有更多锻炼的机会,能力也得到全面发展。

华东师范大学学前教育系主任

张明红

前言

如何为3岁以下的婴幼儿创设一个有准备的环境,是近年来我们一直不断探索和研究的内容。众所周知,适宜的环境能给予儿童各种刺激,儿童也能从中吸收养分,儿童的内在潜能在与环境的相互作用中被不断激发。有准备的家庭环境对于宝宝的发展起着至关重要的作用,精心准备的环境和适宜的材料可以让宝宝畅玩其中,自由、有序、和谐、快乐地成长……

近年来,经过厦门市思明区早教中心全体教师们的潜心钻研,形成了《婴幼儿日常教养环境创设与指导》这本科学性、指导性、操作性极强的书,本书按月龄分为7—12个月、13—18个月、19—24个月、25—30个月、31—36个月等五个章节。每个章节分为四个部分,分别是日常教养环境创设建议(手绘图)、心理环境创设指导、家庭环境创设指导、日常教养材料提供建议。书中手把手地教家长以及早教、托育教师布置"家庭游乐场",带领宝宝玩转客厅、厨房、浴室、楼梯口、家门口的社区……巧妙利用生活中的瓶瓶罐罐、枝枝叶叶等触手可及的物品,陪伴宝宝一步步体验人生、认识世界……

在日常教养环境创设建议(手绘图)中,将适合宝宝的各种区域呈现在同一空间里,用手绘的方式进行直观的呈现。

在心理环境创设指导部分,教师们总结了平时开展亲子活动的实践经验,提炼了不同月龄宝宝最典型的月龄特点和表现,并为家长提出应对宝宝各种行为的适宜、有效的方法。方便读者快速辨识宝宝的月龄特征,迅速了解宝宝的需求,精准给予相应的支持和帮助。

在家庭环境创设指导部分,为家长们提供合适的家庭环境创设建议,那些精致小巧的桌椅和玩具架充分满足了不同月龄段宝宝的需求。同时考虑到同一家具在宝宝不同阶段的不同用途,推荐了可变化、可移动、可延续的实用家具。方便读者系统地了解不同月龄段家庭区域的设置,以及游戏材料投放的适时、适量、适宜。

在日常教养材料提供建议部分,按照"感知和运动""认知和表现""社会和情感""生活和体验""语言和交流"等五个领域介绍了大量生活中随手可得的真实材料,并一一介绍相应的游戏价值、游戏玩法、游戏延伸,还配上材料图或宝宝操作图,图文并茂、形象生动。方便读者充分理解文字的内容,了解玩法,拓展相关的知识,并更快地投入实践。

本书凝结了多名早教一线教师的实践智慧,也是继《爱在起点,见证成长——0—3岁亲子活动方案》《遇见你、读懂你、陪伴你——0—3岁婴幼儿教养案例》《认识你的小小孩儿——0—3岁婴幼儿教养》出版后,早教中心孕育的又一新成果。本书通俗易懂、生动形象,又不乏科学性,最突出的特点是操作性和实用性较强。本书既可作为新手妈妈在家育儿的工具书,也可作为托育机构进行环境设置的参考用书,愿本书的出版能帮助更多的家庭和托育机构。同时,作为阶段性的研究成果,本书难免存在疏漏和不妥之处,恳请广大读者批评指正!

借此机会,感谢厦门市思明区区委、区政府、区教育局领导以及社会各界的关心和支持。同时,对华东师范大学学前教育系主任张明红教授的悉心指导,以及参与此书撰写的各位教师的辛勤付出,表示衷心的感谢!

厦门市思明区早教中心主任

龚 欣

7—12 个 月

婴幼儿日常教养环境创设与指导

一、7—12个月婴幼儿日常教养环境创设建议(手绘图)

7—12个月　起居环境平面图

二、7—12个月婴幼儿心理环境创设指导

（一）婴幼儿心理发展主要特点

7—12个月的宝宝正处于口腔敏感和手的敏感两个时期。当儿童敏感力产生的时候，会有一股无法抑制的动力，驱使他对感兴趣的事物进行"品尝"，这时候的宝宝常常爱吃手或什么东西拿到了都往嘴里放，宝宝开始喜欢反复扔、撕东西。7—12个月月龄的宝宝处于感官重复阶段，这个阶段的宝宝会因无意间的感受而重复某种行为或动作，在不经意的吮吸、扔玩具的过程中，开始产生对自己和世界的了解。

（二）婴幼儿游戏家长支持要点

1. 理解。理解7—12个月宝宝的口尝行为和重复扔、撕等探索游戏的行为。

2. 支持。创设安全、卫生的环境，允许和支持宝宝释放天性，减少干扰或阻止宝宝因内在无法抑制的动力（敏感期）而产生的行为探索。

3. 悦纳。关注宝宝游戏，当发现宝宝眼神看向家长，成人可微笑回应，将观察到的宝宝游戏行为描述给宝宝听。如"宝宝咬的这个是沙球，硬硬的；宝宝在扔球，球跑远了；宝宝听到小猫叫；宝宝闻到水果香"等。

三、7—12 个月婴幼儿家庭环境创设指导

游戏区

1. 玩具框

规格建议：约长 40 cm×宽 30 cm×高 20 cm（3 个）。

材料建议：可提供毛绒玩具、布书卡片、发条玩具等探索类的材料。

操作建议：每次家长陪同玩好后可进行不同种类玩具的归纳，让环境更加整洁。

7—12 个月家庭环境　游戏区 1

7—12 个月家庭环境　游戏区 2

7—12 个月家庭环境　游戏区 3

2. 爬行垫

规格建议：约长 200 cm×宽 150 cm。

材料建议：提供的爬行垫应柔软，色彩素雅。

操作建议：爬行垫可以铺放在客厅或卧室，根据家庭情况为宝宝创设游戏空间，允许宝宝自由爬行，不限制在爬行垫内。

7—12 个月家庭环境　游戏区 4

3. 爬行镜

规格建议：约长 20 cm×宽 15 cm×高 15 cm。

材料建议：提供的爬行镜材质为不破的安全镜材质。

操作建议：放置爬行垫上，可像不倒翁一样稳定站立并可带镜滚动逗引宝宝爬行。

7—12 个月家庭环境　游戏区 5

进餐区

餐椅和餐具

规格建议：餐椅约高 100 cm×宽 54 cm×长 78 cm。

材料建议：注意餐椅的安全稳固，可提供吸盘碗和曲柄宽头的勺子以及宝宝围兜。

操作建议：餐椅需要根据宝宝的舒适度进行调整，特别要关注宝宝的脊柱和裆部。

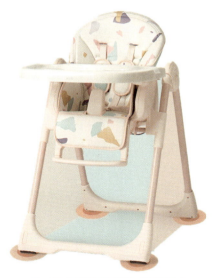

7—12个月家庭环境　进餐区 1

7—12个月家庭环境　进餐区 2

盥洗区

尿布台

规格建议： 约高 100 cm×宽 60 cm×长 90 cm。

材料建议： 可提供静音万向可刹车脚轮，推行无异响。

操作建议： 尿布台可放置于盥洗区域旁，方便及时为宝宝更换尿布、清洗等。

7—12个月家庭环境　盥洗区 1

休息区

1. 哺乳椅

规格建议：约高 88 cm×宽 60 cm×长 75 cm。

材料建议：可提供适合高度的脚踏，并为妈妈提供柔软舒适的坐垫和靠枕。

操作建议：哺乳椅的放置可邻近婴儿床，方便宝宝的按需喂养。

7—12 个月家庭环境　休息区 1

2. 婴儿床

规格建议：约高 66 cm×宽 86 cm×长 125 cm。

材料建议：可提供透气排湿的床垫，悬挂婴儿床铃。

操作建议：婴儿床可与哺乳椅一同放置，同时方便妈妈和宝宝。

7—12 个月家庭环境　休息区 2

四、7—12个月婴幼儿日常教养材料提供建议

7—12个月月龄的婴儿，口腔敏感、五指分化、爬行敏感等关键期逐一发生，从坐稳、爬行到扶走自如，身体成长、动作发展飞速；家庭中可为7—12个月婴儿创设安全、宽敞的爬行和扶走环境，提供丰富婴幼儿感官体验的安全玩具材料和触摸书给婴幼儿看、听和触摸，培养和提升婴幼儿的手眼协调能力和对物品的感受力。

7—12个月月龄的孩子可通过以下游戏来提高婴幼儿各方面的能力，主要包括"感知和运动"、"认知和表现"、"社会和情感"、"生活和体验""语言和交流"五个领域的日常小游戏，具体如下：

捡 通 心 粉

适合月龄：7—12个月

游戏价值：

通过捡细小物品锻炼宝宝手指灵活性，加强宝宝手指分化的动作及手眼协调能力的发展，为宝宝使用勺子做准备。

游戏玩法：

1. 准备管状通心粉或其他细小物品，如剪成小段的吸管等，散放在有色地毯上，形成鲜明对比，引起宝宝捡拾的兴趣。家长将碗递给宝宝，让他将捡起来的通心粉放进碗里，如果宝宝不愿将通心粉放入小碗，家长也不必强求，允许宝宝用自己的方式反复摆弄。

2. 宝宝反复尝试捡拾时，请家长安静观察，不打扰宝宝。

游戏延伸：

1. 将动作的练习融入到宝宝的生活中，比如，吃馒头或面包时，可以将馒头或面包切成小块，让宝宝洗手后自己练习用手拿起小块食物放入口中。

2. 平时可以经常带宝宝去户外游玩，让宝宝在草地上随意爬行玩耍，边爬边捡草地上的小石子、小果子等。宝宝在捡细小的物品时家长要时刻注意宝宝的安全，以免宝宝误食。

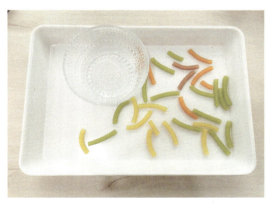

7—12个月 感知和运动 捡通心粉

抠冬瓜籽

适合月龄：7—12个月

游戏价值：

通过让宝宝抠冬瓜籽，体验自己动手的乐趣，从而锻炼宝宝的自我服务能力，也丰富了宝宝的触觉感受，增强感知觉体验。

游戏玩法：

1. 给宝宝提供清洗干净的冬瓜圆片，家长示范抠的动作。

2. 让宝宝用手指抠出冬瓜籽。宝宝可能会出现把冬瓜籽放入口中的行为，家长应用缓慢、淡定的语言加以引导："宝宝，这是冬瓜籽，不可以吃哦！"

游戏延伸：

1. 在生活中，还可以给宝宝提供南瓜、苦瓜让宝宝来抠籽。

2. 生活即是教育，家长可以从进餐开始培养宝宝的自我服务能力，允许宝宝参与简单的食物制作过程，提升宝宝对进餐的兴趣。

7—12个月　感知和运动　抠冬瓜籽

箱子里有什么

适合月龄：7—12个月

游戏价值：

通过触摸不同材质的物品丰富宝宝的触觉体验，锻炼宝宝的手指抓握能力及手眼协调能力，满足宝宝认识、探索事物因果关系的需求。

游戏玩法：

1. 在纸箱上挖大小不同的洞，里面放入核桃、球、玩具等，让宝宝把手伸进纸箱里触摸并取出物品放入小筐内。

2. 当发现宝宝对游戏不太感兴趣时，家长可把宝宝比较喜欢的物品再次投进纸箱中，激发宝宝再次探索的兴趣。

3. 在安全的情况下允许宝宝自由地探索，尝试不同的玩法，如推箱子、投球、提箱子走等。

游戏延伸：

1. 这个月龄段的宝宝喜欢扔东西，在家庭中可以给宝宝提供可扔的环境和可扔的玩具材料，如家长和宝宝互动扔球等。

2. 对于不可乱扔的物品，家长应温柔而淡定地阻止，或收起来。同时转移宝宝的注意力。

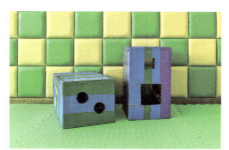 

7—12个月　感知和运动　箱子里有什么

纸箱钻"山洞"

适合月龄：7—12个月

游戏价值：

通过钻爬纸箱，锻炼宝宝的爬行能力，发展宝宝的空间意识和感知觉能力。

游戏玩法：

1. 利用废旧的大纸箱做成小"山洞"，在箱子两侧开些窗口，以便透气和光线进入。家长在一端逗引鼓励宝宝钻"山洞"爬行。

2. 如宝宝不敢钻爬，家长可示范爬出纸箱，或拿出宝宝喜欢的、有声响的玩具，在一端吸引宝宝爬出。

游戏延伸：

除了利用纸箱来钻爬，还可以由家长的身体来作为"山洞"，让宝宝钻爬。游戏过程中，可以根据宝宝的情况增加难度，设置枕头、被子等障碍物。

7—12个月　感知和运动　纸箱钻"山洞"

扯 纸 球

适合月龄：7—12个月

游戏价值：

通过扯的动作锻炼宝宝手指、手臂的力量，加强宝宝手指分化的动作及手眼协调能力的发展。

游戏玩法：

1. 准备纸巾芯、双面胶、团成圆球的抽纸等，成人把团好的纸团用双面胶黏在纸巾芯上，在宝宝面前示范扯的动作，引起宝宝的兴趣。家长将粘好纸团的纸巾芯递给宝宝，让他尝试扯一扯，宝宝拿到后可能一下子就扯起来了，也有可能宝宝对扯不感兴趣，如果宝宝不愿意扯，家长也不必强求，允许宝宝用自己的方式反复摆弄玩耍。

2. 宝宝反复尝试扯纸球时，请家长在一旁安静观察，不打扰宝宝的探索。

游戏延伸：

1. 将扯的动作练习融入到宝宝的生活中，比如，给宝宝吃馒头或面包时，可以让宝宝洗手后尝试将馒头或面包扯成小块，并自己练习拿起小块食物放入口中品尝。

2. 在家也可以给宝宝提供矿泉水瓶、皮筋，把皮筋套在矿泉水瓶上让宝宝扯下来，进一步锻炼宝宝扯的动作。

7—12个月　感知和运动　扯纸球

插 棉 签

适合月龄：7—12个月

游戏价值：

通过玩插棉签的游戏,发展宝宝两指捏或三指捏的动作,促进宝宝手指的灵活性和手眼协调能力。

游戏玩法：

1. 家长收集家里用完的纸巾芯,在纸巾芯上钻小孔,用棉签给宝宝示范插的动作,鼓励宝宝模仿成人把棉签插到纸巾芯的洞里,家长观察宝宝插棉签的动作,允许宝宝自由探索。

2. 如果宝宝遇到困难,家长可以再次示范两指捏棉签做插的动作,再次让宝宝观察模仿。

游戏延伸：

1. 当宝宝熟练插棉签后,可提供小孔纸巾芯、牙签、小彩棒等给宝宝,提高操作难度。

2. 家长给宝宝提供细小牙签等物品进行操作时要注意安全,操作时可以把牙签两头尖锐的地方剪掉,避免戳伤。

7—12个月　感知和运动　插棉签

取 纸 巾

适合月龄：7—12个月

游戏价值：

通过抽、拉等动作锻炼宝宝手指肌肉力量，培养宝宝的手眼协调能力。

游戏玩法：

1. 刚开始游戏时，家长可以观察宝宝用什么样的方式来取出纸巾。

2. 当宝宝遇到困难时，及时给予引导，语言引导在前，适时的帮助在后。

3. 家长示范抽纸巾、拉卷纸的动作应夸张、缓慢，以便宝宝观察，鼓励宝宝把抽出来的纸巾放在筐内。

游戏延伸：

1. 在生活中我们还可以把丝巾、绸带等放入纸筒内让孩子去抽、扯，感受抽和扯等手指动作带来的乐趣。

2. 可以左右手交替多次练习。

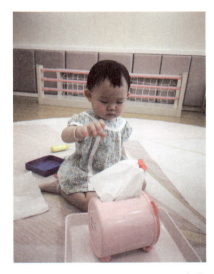 

7—12个月　感知和运动　取纸巾

玩转塑料瓶

适合月龄：7—12个月

游戏价值：

通过玩踢瓶子游戏发展宝宝专注力及腿部力量，增加亲子互动体验。

游戏玩法：

1. 家长扶住宝宝的腋下，让宝宝用脚踢倒直立放置的塑料瓶，并用语言描述宝宝的动作："宝宝用力踢，瓶子倒啦！"

2. 家长提供适合宝宝抓握的套圈，给宝宝示范套圈的动作，让宝宝模仿并玩套圈游戏。

7—12个月　感知和运动　玩转塑料瓶

游戏延伸：

1. 多种方式玩塑料瓶，在家庭中，还可以提供小球、塑料瓶，和宝宝玩保龄球游戏。

2. 也可以在塑料瓶中加入水，让瓶子更有重量再进行游戏。

戳 戳 乐

适合月龄：7—12个月

游戏价值：

通过手指头戳一戳的动作,进行手眼协调能力以及手指力量的练习。

游戏玩法：

1. 家长示范手指戳的动作并用语言描述"我用手指头戳个洞",宝宝模仿用手指戳一戳。

2. 若宝宝专心操作时,家长不打扰,观察宝宝的动作,必要时帮助宝宝。

游戏延伸：

1. 待宝宝戳的动作比较熟练以后,还可以提供塑料保鲜膜作为戳的材料,进一步提升难度。

2. 戳的动作还可以和口数(唱数)相结合如"戳洞洞,1个洞、2个洞、3个洞……"。

7—12个月 感知和运动 戳戳乐

爬"山坡"

适合月龄：7—12个月

游戏价值：

通过有坡度的爬行，锻炼宝宝手和脚的大肌肉力量，培养宝宝的方位感以及为更好的行走做准备。

游戏玩法：

1. 家长用大靠枕、背垫等组合成一个有坡度的"小山坡"，宝宝和家长面对面并隔着"山坡"用宝宝喜欢的玩具等物品吸引他们爬过障碍物。

2. 爬过"山坡"后，还可以家长弓背做成"山洞"让宝宝爬完"山坡"过"山洞"。

游戏延伸：

1. 在宝宝有困难的时候家长可以给予一定的帮助，可以用双手助力推一下宝宝的双脚，还可以调整靠枕的厚度。坡度可以由小坡度逐渐变大，循序渐进。

2. 活动中关注宝宝的安全，并多给予宝宝鼓励和赞赏。

7—12个月 感知和运动 爬"山坡"

玩 胶 带

适合月龄：7—12个月

游戏价值：

尝试用手指扯胶带，丰富宝宝的触觉体验和锻炼手指的肌肉力量。

游戏玩法：

1. 家长把胶带粘贴在桌上或者盘子里，吸引宝宝的注意，引导宝宝去接触。观察宝宝的动作，当宝宝遇到困难时，及时给予引导，语言引导在前，适时的帮助在后。

2. 家长可以一边用语言帮助孩子描述出胶带的触觉感受"黏黏的"，一边示范扯胶带动作，让宝宝观察，激发动手的兴趣。再鼓励宝宝把扯出来的胶带放在筐内。

游戏延伸：

1. 在家庭中，还可以把海洋球用胶带粘在稍高处，引导宝宝玩摘海洋球的游戏。

2. 操作中关注宝宝安全，以免胶带误入口鼻。

7—12个月　感知和运动　玩胶带

拔 夹 子

适合月龄：7—12个月

游戏价值：

通过让宝宝把夹子从纸板上拔下来，锻炼宝宝手指的肌肉力量，培养宝宝的手眼协调能力。

游戏玩法：

1. 家长给宝宝提供有一点硬度的纸张，例如卡纸、快递箱的纸皮等，夹上晾衣夹。鼓励宝宝用手将夹子拔下。

2. 刚开始的时候家长可能需要帮助宝宝拿着纸板，在宝宝熟练以后，便可以让宝宝双手配合，一手拿纸板，一手拔夹子。

3. 若宝宝对拔夹子不感兴趣或不知道从何下手，家长可以先示范拔的动作给宝宝看，并用语言鼓励宝宝："宝宝，小手一抓，轻轻一拉，小夹子下来啦。"

游戏延伸：

1. 如果宝宝已经可以熟练地拔下夹子，家长也可把回形针、鱼尾夹等夹在纸上，增加宝宝拔的难度。

2. 游戏时，提供的回形针不宜过小，防止宝宝误食。

7—12个月　感知和运动　拔夹子

冰 格 投 放

适合月龄：7—12个月

游戏价值：

通过投放物品，锻炼宝宝五指分化和手眼协调的能力。

游戏玩法：

1. 家长给宝宝提供各种不同形状、材质的物品，鼓励宝宝抓起物品放入冰格内，家长先观察宝宝投放情况，必要时与宝宝互动："宝宝，我们把××放进去。"

2. 若宝宝不感兴趣，家长可以示范，引起宝宝的兴趣，从而进行模仿。

3. 宝宝熟练投放后可增加难度，先将物品放入冰格，再让宝宝拿出。

游戏延伸：

1. 若宝宝五指抓握能力与协调能力较弱，家长也可以降低难度，提供纸巾筒和乒乓球让宝宝投放。

2. 在家庭中还可以利用空的矿泉水瓶，让宝宝将红枣、小纸团等物品投放进瓶中。如果宝宝还无法双手配合,家长可以帮助宝宝固定住矿泉水瓶让宝宝操作。

3. 给宝宝提供投放的物品不宜过小,以防宝宝误食。

7—12个月　感知和运动　冰格投放

牙膏盒抽丝巾

适合月龄:7—12个月

游戏价值:

通过让宝宝拉出牙膏盒中的丝巾,发展宝宝手臂的力量和手指抓握的能力。

游戏玩法:

1. 将丝巾放入废旧的牙膏盒中,并在牙膏盒的一端挖出一个小洞,引导宝宝将丝巾从牙膏盒中拉出。

2. 若宝宝不感兴趣,家长可以在丝巾一端系上铃铛,激发宝宝游戏的兴趣。

游戏延伸:

1. 当宝宝已经可以熟练拉出丝巾后,家长可以让宝宝双手配合,一手拿牙膏盒,一手拉丝巾。

2. 也可以利用饮料瓶,将丝巾塞进瓶中,让宝宝进行拉扯。

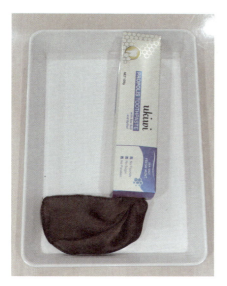

7—12个月　感知和运动　牙膏盒抽丝巾

蒸 屉 拉 绳

适合月龄：7—12个月

游戏价值：

通过让宝宝抓、拉绳子，锻炼宝宝五指分化，使宝宝的手部更加灵活。

游戏玩法：

1. 可以先将绳子穿过蒸屉后将两端打结，让宝宝抽拉绳子。

2. 刚开始的时候可以由家长拿着蒸屉，让宝宝抓、拉，等宝宝熟练以后，再让宝宝独自操作。

游戏延伸：

1. 可以给宝宝提供不同材质的绳子，例如：麻绳、丝带、鞋带等。丰富宝宝的触觉感受。

2. 同时，家长也可以在绳子的一端系上铃铛，增加宝宝的游戏兴趣。

7—12个月　感知和运动　蒸屉拉绳

"响瓶"逗引爬行

适合月龄：7—12个月

游戏价值：

通过"响瓶"逗引，锻炼宝宝爬行的能力，提升听觉的灵敏性。

游戏玩法：

1. 家长让"自制响瓶"发出声响，引起宝宝爬行的兴趣。

2. 逗引宝宝爬行时，家长把玩具放在适合的距离，不能离宝宝太远，以免宝宝放弃爬行。

3. 观察宝宝爬行动作的发展情况，给予有效的支持。如：双手交替推动宝宝的左右脚，辅助宝宝向前爬行。处于匍匐爬行阶段的宝宝，家长可以用浴巾托起宝宝腹部帮其练习。

4. 当宝宝不感兴趣时，可以和宝宝一起爬，引发宝宝的模仿。

游戏延伸：

1. 选择安全、宽敞的场地，在宝宝情绪愉悦的时候进行游戏。

2. 用手膝或手足爬行的宝宝可以为其创设障碍，增加爬行难度。

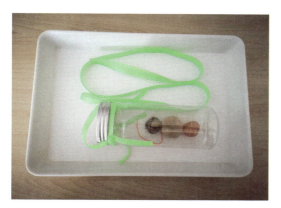 

7—12 个月　感知和运动　"响瓶"逗引爬行

认知和表现

认 识 水 果

适合月龄：7—12个月

游戏价值：

通过摸、抓、闻等多种方式来认识生活中常见的水果，让宝宝感知水果的属性。

游戏玩法：

1. 家长准备一根香蕉、一个苹果、一个橙子放在宝宝面前让宝宝摸一摸、抓一抓、闻一闻，家长描述水果的名称给宝宝听，吸引宝宝观察。

2. 家长用手绢盖住水果让宝宝掀开手绢找一找，当宝宝掀开手绢时，家长描述"这是香蕉，一根弯弯的香蕉"，"这是苹果，一个圆圆的苹果"。

游戏延伸：

在生活中宝宝随处可见水果，家长在给宝宝喂食水果的同时往往忽略了给宝宝完整的水果印象，家长可以在进食水果前告诉宝宝水果的名称，给宝宝摸一摸、闻一闻，示范处理水果的方式给宝宝看，丰富宝宝的生活经验。

7—12个月　认知和表现　认识水果

水中万花筒

适合月龄：7—12个月

游戏价值：

通过让宝宝观察水在瓶子里流动，提升宝宝视觉追踪力及观察能力。

游戏玩法：

1. 准备一个喝完饮料的空瓶，剪掉瓶外的贴纸包装，把贴纸剪碎装进瓶子，在瓶子里装不要太满的水，然后拧紧瓶盖。

2. 成人上下转动瓶子，瓶子里的水和碎纸随着瓶子转动而流动，引导宝宝观察瓶子。

3. 家长可以变换不同的移动法，以吸引宝宝的视线，让宝宝跟随着瓶子的移动而观察。

4. 如果宝宝愿意自己摇动瓶子，也可以让宝宝独立探索。

游戏延伸：

1. 可以利用生活中大小不同的塑料瓶子，在瓶盖上涂上不同颜色的环保水粉颜料，在瓶子里装水，鼓励宝宝摇动水瓶，让宝宝观察其变化。

2. 宝宝操作时成人要陪伴左右，瓶里不要装太多水，以防宝宝砸伤脚。

7—12个月　认知和表现　水中万花筒

追 声 寻 物

适合月龄：7—12个月

游戏价值：

通过让宝宝追声寻物，感知不同的声音，促进宝宝听觉灵敏性的发展。

游戏玩法：

1. 家长可以在瓶子中放入各种豆子，例如芸豆、绿豆等，发出不同声音，并移动瓶子的方位，逗引宝宝追声寻找瓶子。

2. 当宝宝拿到瓶子后，可以鼓励宝宝动手操作、摆弄，通过敲敲打打等方式探索不同的有趣声音。

游戏延伸：

1. 在家庭中，爸爸妈妈也可以呼唤宝宝名字："宝宝，妈妈在哪里？快快找一找。"

2. 这个月龄的宝宝处于口尝期，装有物品的瓶子要旋紧，以免宝宝误食。

7—12 个月　认知和表现　追声寻物

闹 钟 声

月龄：7—12 个月

游戏价值：

通过闹钟响声引导宝宝寻找声源，提高其对声音的敏感度和倾听能力。

游戏玩法：

1. 把闹钟放在宝宝看不见的地方，闹钟响起后，家长说："咦，什么声音在响?"引导宝宝听并寻找。找到后就告诉宝宝"这是闹钟的响声，丁零零，我的耳朵听到了。"

2. 如果宝宝能够找到发声物，可以给予积极的鼓励，提高宝宝的兴趣。

游戏延伸：

1. 除了闹钟声，可以让宝宝听听生活中的各种各样声音，如：门铃声、水流声、抽油烟机声等，引导宝宝认识各种声音。

7—12 个月　认知和表现　闹钟声

2. 给宝宝提供一些能出声音的玩具，如摇铃、手鼓等，让他自己摇动或敲打。

社会和情感

照 镜 子

适合月龄：7—12个月

游戏价值：

通过照镜子锻炼宝宝的视觉观察能力、视觉追踪能力、认知能力，增进亲子关系。

游戏玩法：

1. 家长在家给宝宝设置一个与宝宝身高相符的镜子，让宝宝观察镜子里面的人，家长指着镜子里面的宝宝说："这是宝宝，是爸爸妈妈的乖宝宝。"也可以说宝宝的名字，反复练习，在说的过程中家长的语言要清晰缓慢。

2. 等宝宝熟悉镜中的自己之后，家长也可以让宝宝通过镜子认识自己的五官，如："这是宝宝的鼻子""这是宝宝的嘴巴"等等。

游戏延伸：

在外出或到商场时看到镜子可以与宝宝互动，家长也可以对着镜子做出各种表情，比如高兴、生气、悲伤、愤怒、哈哈大笑等，每做出一种表情都要告诉宝宝，如"妈妈在哈哈大笑"，也可以引导宝宝模仿一些表情，如："宝宝笑一个""宝宝亲亲妈妈"等。

7—12个月　社会和情感　照镜子

躲 猫 猫

适合月龄：7—12个月

游戏价值：

通过玩"躲猫猫"的游戏让宝宝体验事物在眼前"消失"和"再出现"的乐趣,增进亲子关系。

游戏玩法：

1. 宝宝与家长面对面坐,家长用手遮住脸,边说"喵"边移开,逗引宝宝开心,也可拿小毛巾遮住脸,边说"喵"边移开,"咦! 妈妈在这里。"

2. 鼓励宝宝自己用小手遮脸,边说"喵"边逐渐移开,与家长互动。

游戏延伸：

1. 在家中用宝宝熟悉的玩具和宝宝互动游戏,用小毛巾把玩具盖住让宝宝找一找。

2. 家长利用2—3个小袋子和宝宝玩听觉、嗅觉、躲猫猫等游戏。

7—12个月　社会和情感　躲猫猫

认 亲 人

适合月龄：7—12个月

游戏价值：

通过亲人的照片加深宝宝对家人的印象，增进亲子关系。发展宝宝的认知能力，促进宝宝语言的积累。

游戏玩法：

1. 家长拿着自己的照片让宝宝观看，重复几次。家长将自己的照片和其他亲人的照片放在一起，让宝宝指认哪张是妈妈的照片。

2. 为了让宝宝对亲人的照片印象深刻，开始的时候要让宝宝多看几次照片再互动。

3. 如果宝宝很容易地找到了亲人的照片，可以再多放几张熟悉的家人的照片，提高游戏难度。

游戏延伸：

在生活中可以和宝宝一起翻看相册，指认亲人。还可以和宝宝一起指认周围事物，如马路上的花草树木、汽车、高楼等。

7—12个月　社会和情感　认亲人

生活和体验

"手指食物"

适合月龄：7—12个月

游戏价值：

通过添加"手指食物"，促进宝宝手、眼、口的协调能力及主动进食的意愿。

游戏玩法：

1. 家长为宝宝准备用胡萝卜、土豆、南瓜、山药等蒸制而成的"手指食物"，用碗装好放在宝宝的面前，吸引宝宝抓握送入口中。

2. 宝宝进食时，安排宝宝坐在固定的位置上。

3. 初次尝试时宝宝的家长要看好宝宝，以防被噎到。

游戏延伸：

1. 宝宝没长牙也能吃"手指食物"，只要把食物做得软硬适度，符合孩子的咀嚼能力。

2. 宝宝的吞咽和咀嚼能力需要一点点锻炼，家长不要着急，循序渐进地引导宝宝。

7—12个月　生活和体验　"手指食物"

语言和交流

百宝袋里有什么

适合月龄：7—12个月

游戏价值：

通过玩百宝袋，让宝宝体验寻找的乐趣。发展宝宝的认知和观察能力，促进宝宝语言的积累。

游戏玩法：

1. 家长准备一个不透明的袋子，里面装上宝宝熟悉的物品，家长在宝宝面前晃动袋子，引起宝宝的注意，家长示范把手伸到袋子里，摸出一个物品，用清晰缓慢的语言描述物品的名称，如"我摸到一把勺子，宝宝吃饭的勺子"等。

7—12个月　语言和交流　百宝袋里有什么

2. 如果宝宝对打开、拉紧袋子和取放物品感兴趣，家长请支持他的探索行为，让他充分感知，看一看、闻一闻、摸一摸、听一听等，最后再用丰富的语言描述宝宝拿出的物品。

游戏延伸：

1. 宝宝都喜欢玩藏找的游戏，这个月龄的宝宝会对一些东西消失后又神奇重现的现象感到兴奋和惊讶，逐渐明白"客体永存"的规律。

2. 给宝宝准备生活中不同的容器、不同质感的小物品，让宝宝自己来装倒、藏找，家长用语言描述宝宝的行为。

7—12个月　语言和交流　百宝袋里有什么

小动物的叫声

适合月龄：7—12 个月

游戏价值：

通过听小动物的声音让宝宝感受不同小动物的叫声，并模仿发单字音，刺激宝宝的语言发展。

游戏玩法：

1. 家长念儿歌《我是小宝宝》："我是小宝宝，我会学小猫，喵—喵—喵。""我是小宝宝，我会学小狗，汪—汪—汪。""我是小宝宝，我会学小鸭，嘎—嘎—嘎。"

2. 家长与宝宝面对面坐，让宝宝观察到成人的口型，每次念到小动物的叫声时，口型夸张、语速放慢，鼓励宝宝模仿，说到喵喵喵时成人双手五指张开在脸的两侧做捋胡须状，说到汪汪汪时双手拢放在头上两侧，模仿扇耳朵等等，增加语言的趣味性。

游戏延伸：

1. 家长为宝宝提供丰富的语言模仿机会，给宝宝念一些有象声词、叠音词的儿歌，易于诱发宝宝发音。

2. 多让宝宝做一些口唇练习，在家里让宝宝吹羽毛、吹泡泡以及做弹舌游戏和咀嚼练习。

7—12个月　语言和交流　小动物的叫声

本章节参与编写教师：

纪静岚、崔耿耿、曾瑞雯、方柔葭、陈海琴、谢玫瑰

13—18个月

婴幼儿日常教养环境创设与指导

一、13—18 个月婴幼儿日常教养环境创设建议（手绘图）

13—18 个月　起居环境平面图

13—18 个月　卫生间平面图

二、13—18 个月婴幼儿心理环境创设指导

（一）婴幼儿心理发展主要特点

这个月龄的宝宝开始萌发自主意识和物权意识，会与 7—12 个月宝宝有不小的差别，会逐渐变得"不听话"、会出现占有欲和保护欲。经常想与成人对着干，这时的宝宝开始认识到自我的存在，也会出现"小气""不愿意分享"的行为，这是儿童身心发展的转折，是符合心理发展规律的正常现象。

（二）婴幼儿游戏家长支持要点

1. 成人要接纳宝宝的行为，通过适当延迟满足宝宝的需求来锻炼宝宝的自控力，成人在宝宝面前避免说"不行""不可以"这些字眼。

2. 尊重宝宝的想法，循序渐进培养分享意识，让宝宝逐渐体会分享的快乐。

3. 当宝宝情绪较大时，分散和转移宝宝的注意力，并给宝宝提供更多的选择机会。

三、13—18个月婴幼儿家庭环境创设指导

游戏区

1. 玩具架、托盘

规格建议： 玩具架约长 110 cm×宽 28 cm×高 80 cm（3 层）。

托盘约长 30×宽 20 cm×高 4 cm。

材料建议： 提供 4 个托盘，可放置舀豆子、倒水、投小球、插竹签等动作练习的材料。

操作建议： 尽量选择生活化材料，每次玩毕陪伴宝宝将材料和托盘归类收放。

13—18 个月家庭环境　游戏区 1

13—18 个月家庭环境　游戏区 2

2. 儿童桌椅

规格建议： 桌子约长 70 cm×宽 70 cm×高 45 cm。

椅子约宽 29 cm×高 24 cm。

材料建议： 选择的桌椅应边角圆滑，安全稳定。

操作建议： 小桌子除了作为游戏桌，还可以铺上白板纸，作为宝宝的涂鸦桌。

13—18 个月家庭环境　游戏区 3

3. 地垫

规格建议：约长 200m×宽 140 cm×厚 3 cm，根据家庭情况选择适合的尺寸。

材料建议：提供的地垫应柔软，不易掉毛，颜色素雅。

操作建议：地垫可以铺放在客厅或卧室，根据家庭情况为宝宝创设游戏空间。地垫上放置学步小推车，让宝宝推车练习行走。

13—18 个月家庭环境　游戏区 4

13—18 个月家庭环境　游戏区 5

阅读区

1. 书架

规格建议：约长 78 cm×宽 28 cm×高 60 cm。

材料建议：提供 3 层书架，摆放 4—6 本绘本。

操作建议：可提供不同类型的绘本，如感官类、互动类、情感类等，并根据宝宝的需求定期更换。

13—18 个月家庭环境　阅读区 1

2. 地垫

规格建议：约直径 120 cm×厚 3 cm 的圆垫，根据家庭情况选择适合的尺寸。

材料建议：提供的地垫应柔软，不易掉毛，颜色素雅。

操作建议：地垫可以铺放在客厅或卧室，根据家庭情况为宝宝创设阅读环境。

13—18 个月家庭环境　阅读区 2

3. 阅读椅

规格建议：约高 80 cm×宽 60 cm。

材料建议：沿用 7—12 个月宝宝的哺乳椅作为阅读椅。

操作建议：家长可抱着宝宝或宝宝自己坐在椅子上阅读。

13—18 个月家庭环境　阅读区 3

进餐区

餐椅、餐具

规格建议： 餐椅约高 50 cm×宽 40 cm。

材料建议： 选择能放置并固定在成人餐椅上的儿童餐椅。提供适合宝宝的餐具：吸盘碗、曲柄勺子、叉子、围兜等。

操作建议： 宝宝和成人共餐，自主选择食物，并引导宝宝尝试自主进食。

13—18 个月家庭环境　进餐区 1

13—18 个月家庭环境　进餐区 2

13—18 个月家庭环境　进餐区 3

盥洗区：

洗漱用品

规格建议：提供儿童款牙刷、牙膏。

材料建议：选择防滑易抓握的牙刷、低氟牙膏（每次用量不超过一米粒大小）。

操作建议：成人坚持每天早晚给宝宝刷牙，并使用儿童牙线。

13—18个月家庭环境　盥洗区1

休息区

婴儿床

规格建议：约长 125 cm×宽 66 cm×高 85 cm。

材料建议：选择木质光滑，没有过多装饰的婴儿床。婴儿床床栏的间隔必须小于 5 cm，这样才能防止婴儿将自己的头部、四肢等部位穿过床栏，发生危险。

操作建议：建议小床拼接在大床边上，方便成人看护。

13—18 个月家庭环境　休息区 1

四、13—18个月婴幼儿日常教养材料提供建议

13—18个月的婴幼儿大脑活动非常活跃,能逐渐掌控自己的身体,学习探索周围的世界,这个时期他们的大动作正处于从爬到行走的阶段,这时家长应提供安全的爬和走的环境,全方位地支持孩子的发展。这个阶段宝宝还喜欢开关抽屉,投放、扔、撕、抓放物品等动作,家长可以根据宝宝的动作发展特点,给予相应的材料支持。在语言发展方面,婴幼儿能使用日常单词学称呼,如"爸爸、妈妈、爷爷、奶奶、娃娃"等。这时家长要充分地给予宝宝语言环境的支持,把看到的、听到的、摸到的、闻到的,用清晰缓慢的声音描述给宝宝听。

13—18个月月龄的孩子可通过以下游戏来提高婴幼儿各方面的能力,主要包括"感知和运动""认知和表现""社会和情感""生活和体验""语言和交流"五个领域的日常小游戏,具体如下:

感知和运动

好玩的纸巾芯

适合月龄：13—18个月

游戏价值：

通过玩纸筒投球游戏，锻炼宝宝空间探索及触觉感受的能力，让宝宝初步感知大小以及游戏带来的乐趣。

游戏玩法：

1. 家长准备大小不同的纸巾芯，粘贴在宝宝能伸手摸到的地方，准备各种材质的球，如：毛绒球、乒乓球、大玻璃珠球，让宝宝把大小软硬不同的球投放到大小不同的纸巾芯里。

2. 刚开始玩纸筒投球游戏，家长观察宝宝怎么玩，如果宝宝因为球的大小不同，投不进纸筒时，家长可以用语言提示宝宝；宝宝体验到成功的乐趣，能更好地进行活动。

游戏延伸：

1. 家长可以引导宝宝利用纸巾芯滚一滚、跨一跨，还可以鼓励宝宝玩纸巾芯赶小球的游戏。

2. 家庭中家长给宝宝渗透大小词汇，如：爸爸的鞋子大大的，宝宝的鞋子小小的等。

13—18个月 感知和运动 好玩的纸巾芯

53

13—18个月　感知和运动　好玩的纸巾芯

跨 一 跨

适合月龄：13—18个月

游戏价值：

通过跨障碍物，练习宝宝单腿支撑力与平衡能力，增强身体控制能力。

游戏玩法：

1. 家长准备一根长绳或被单，两端固定，离地面高低不超过 3 cm，家长先示范跨的动作让宝宝看，家长一只脚抬高告诉宝宝："一二三跨过去。"刚开始家长可以牵着宝宝的手，给宝宝足够的安全感，等宝宝对跨感兴趣了再鼓励宝宝单腿跨过绳子。

2. 根据宝宝的能力可以调整绳子的高度，让宝宝继续玩跨的游戏。

游戏延伸：

平时带宝宝到户外或公园玩耍时遇到障碍物，如：小石头、台阶等，鼓励宝宝抬脚跨过去，让宝宝养成走路看路的好习惯。

13—18个月　感知和运动　跨一跨

有 趣 的 盒 子

适合月龄：13—18个月

游戏价值：

通过玩叠高、推倒鞋盒、快递盒游戏，在不断尝试叠高、推倒盒子中锻炼宝宝的手眼协调能力，发展宝宝探索因果关系的思维能力。

游戏玩法：

1. 宝宝玩鞋盒、快递盒时家长在旁陪伴和引导，对于宝宝来说，对这些盒子的兴趣在于把它推倒，所以推倒这些盒子成为了宝宝叠高它们的动力。家长可以先帮助宝宝叠高几个盒子，之后引起宝宝模仿继续叠高或者推倒的动作。

2. 还可以在盒子里放一些宝宝平时熟悉的玩具，家长叠高盒子让宝宝找一找放有玩具的盒子。鼓励宝宝找到放有物品的盒子并推倒，激发宝宝叠高、推倒的兴趣。

游戏延伸：

家庭中还可以收集其他盒子（如牛奶盒、牙膏盒等）、奶粉罐等让宝宝玩叠高、推倒的游戏。

13—18个月　感知和运动　有趣的盒子

被单大作战

适合月龄：13—18个月

游戏价值：

通过玩被单游戏，促进宝宝的前庭觉以及平衡能力的发展，增进亲子关系。

游戏玩法：

1. 两位家长双手拉被单四边角，宝宝平躺被单内，左右摇晃被单玩荡秋千的游戏。

2. 宝宝坐在被单内，家长拉着被单走，玩被单小车的游戏。（附被单小车玩法：宝宝坐或卧在被单上，家长拖着向前后左右方向走，边玩边说：小车开走啦，向左开，向右开。）

游戏延伸：

1. 在家可以玩《小闹钟》的前庭平衡小游戏，让宝宝感受上下的落差感。（附小闹钟的儿歌：小闹钟摆起来，滴答滴答摆起来，一点钟、两点钟、三点种，滴答滴答时间到。）

2. 游戏中注意把握游戏的难度，关注宝宝的安全，如果宝宝有排斥的情况请停止游戏。

13—18个月　感知和运动　被单大作战

倒花生米*

适合月龄：13—18 个月

游戏价值：

通过倒的动作发展宝宝的手眼协调能力及手腕控制力，同时让手部的精细动作更加精准。

游戏玩法：

1. 家长提供材料，让宝宝操作，先观察宝宝的动作，支持宝宝自由探索；当宝宝失去耐心时，可以示范倒的动作，引发模仿。

2. 倒花生米有响声，倒来倒去时会发出沙沙的声音，家长可引导宝宝侧耳倾听。

游戏延伸：

1. 在家庭中可以给宝宝提供带手柄的杯子，里面装入各种豆类让宝宝倒来倒去。

2. 较小豆类不建议提供，以免误入口鼻。

13—18 个月　感知和运动　倒花生米

面团变变变

适合月龄：13—18个月

游戏价值：

通过拍一拍、压一压、戳一戳、揪一揪、揉一揉等动作玩面团，刺激宝宝的触觉，提升宝宝手指灵活性。

游戏玩法：

1. 家长提供面团让宝宝自由探索，先摸一摸、捏一捏，再玩一玩。

2. 家长可以玩给宝宝看，如戳一戳、拍一拍、压一压、揪一揪、揉一揉等，用语言给宝宝描述操作的感受。

游戏延伸：

1. 家庭中还可以提供一些工具给宝宝，如擀面杖、模具、漏勺、叉子、塑料小刀，让宝宝使用。

2. 操作中请家长们关注宝宝的安全，特别是使用工具过程中避免不安全的情况。

13—18个月　感知和运动　面团变变变

纸杯叠叠乐

适合月龄：13—18 个月

游戏价值：

通过顺叠和倒叠纸杯的游戏，锻炼宝宝的手眼协调能力和培养宝宝的空间探索能力。

游戏玩法：

1. 家长提供纸杯，让宝宝充分自主尝试，可示范用手指触摸纸杯的轮廓。用语言描述："这是纸杯子，摸一摸，看一看。"

2. 宝宝还可以开口朝上一个一个往上叠放纸杯，或者开口朝下一个一个叠放纸杯。

游戏延伸：

1. 在家庭中可以提供塑料小杯子、木制小碗等让宝宝进行叠放。

2. 在叠放的过程中，请家长关注宝宝的安全，提供的材料不能太重以防砸伤宝宝。

13—18 个月　感知和运动　纸杯叠叠乐

漏勺捞一捞

适合月龄：13—18个月

游戏价值：

通过操作漏勺捞物品的活动，锻炼宝宝手腕部的灵活性，并让宝宝体验玩水的乐趣。

游戏玩法：

1. 提供宝宝洗澡时常用且可以浮起的物品放入盆中，让宝宝用漏勺捞起物品放入小碗中。

2. 游戏中宝宝可能会用小手放入水中抓物品或玩水，可允许宝宝自由探索。

游戏延伸：

1. 当宝宝可以熟练地将物品捞起后，家长可以将漏勺更换为较小的漏勺和物品进行游戏。

2. 游戏时，要卷起宝宝的袖子，盆子中的水不要太多，以免宝宝弄湿衣服。

13—18个月　感知和运动　漏勺捞一捞

舀 一 舀

适合月龄：13—18 个月

游戏价值：

通过舀物品游戏，锻炼宝宝的五指握勺能力及手腕的灵活性和控制力。

游戏玩法：

1. 家长先观察宝宝的动作，如宝宝兴趣盎然，则在一旁静静陪伴。当宝宝失去耐心时，可以示范舀的动作，引发模仿。

2. 若宝宝对舀不感兴趣，用手抓握物品，家长要接纳宝宝的行为，让宝宝慢慢过渡用勺子舀。

3. 如宝宝能熟练用一只手舀，鼓励宝宝换另一只手继续操作，全部舀完后，鼓励宝宝重复操作。

游戏延伸：

1. 在家中吃饭时，家长可以鼓励宝宝使用勺子自主进食。

2. 当宝宝能顺利地自主进食后，可以引导宝宝喂食给家长。

3. 提供给宝宝游戏的物品应清洗干净。

13—18个月　感知和运动　舀一舀

按插小竹签

适合月龄：13—18个月

游戏价值：

通过玩按插小竹签游戏，锻炼宝宝手指分化及双手、眼协调配合能力。

游戏玩法：

1. 准备一个按压式的牙签筒和洗菜筐，让宝宝从牙签筒里取出牙签，插入洗菜筐的洞洞。

2. 刚开始宝宝可能会有对不准的情况，用两个手指捏着牙签才能成功插入。牙签筒比较轻，按压时容易倒，必要时家长可以帮助宝宝扶住牙签筒。

游戏延伸：

1. 发现宝宝已经操作熟练了，可以试试用螺丝刀在鞋盒上戳几个洞来插吸管，吸管比小竹签更软，对插的动作有更高的要求。

2. 家长给宝宝提供细小物品操作时要注意安全，牙签两端尖锐的地方要掰掉，避免戳伤。

13—18个月　感知和运动　按插小竹签

挂 钩 钩

适合月龄：13—18个月

游戏价值：

通过玩挂钩钩游戏发展宝宝双手配合能力和手指灵活性，提升宝宝自我服务能力。

游戏玩法：

1. 在家中以宝宝的高度在墙上固定好挂钩，让宝宝将玩偶、发圈、毛巾等物品挂在挂钩上。

2. 宝宝主动尝试时，家长应耐心观察，尽量不要打扰他或抓住他的手"帮"他完成。

游戏延伸：

1. 在家庭中可以在挂钩上贴上家庭成员的图片标识，让宝宝帮助挂上爸爸、妈妈的毛巾等物品。

2. 给宝宝提供当小助手的机会，帮助成人做家务，如：拿拖鞋、搬凳子等。

13—18个月　感知和运动　挂钩钩

63

提 水 走 一 走

适合月龄：13—18 个月

游戏价值：

通过让宝宝持物行走，锻炼宝宝身体协调能力和平衡性，培养宝宝坚毅的品质和克服困难的勇气。

游戏玩法：

1. 在废旧矿泉水瓶内装入彩色颜料水，放在距离宝宝不远处，请宝宝帮忙运水。

2. 鼓励宝宝一手提一瓶水，尝试行走一小段距离，完成后及时表扬宝宝。

游戏延伸：

1. 不要让宝宝搬运不容易抓握的物品，注意将大矿泉水瓶装三分之一的水，以防宝宝手臂力量不足而受伤。

2. 宝宝提水走得灵活了，可以增加走的难度，在地上放障碍物或拉根绳子，鼓励宝宝提水跨障碍。

13—18 个月　感知和运动　提水走一走

玩 海 绵

适合月龄：13—18 个月

游戏价值：

通过玩海绵吸水的游戏，让宝宝感知海绵吸水的特性，锻炼宝宝手部控制力，增加触觉体验。

游戏玩法：

1. 提供海绵、脸盆、水，先让宝宝自由探索。

2. 家长可示范海绵吸水、挤水的动作，引发宝宝模仿。

3. 如果宝宝只对玩水感兴趣，家长不做过多干预，支持宝宝的行为。

游戏延伸：

1. 玩水的活动尽量安排在夏天，以免宝宝着凉。

2. 利用海绵让宝宝擦桌椅、玻璃等，给宝宝提供动手做家务的机会。

3. 可提供形状、大小不同的海绵让宝宝印画。

13—18 个月　感知和运动　玩海绵

认知和表现

图 形 配 对

适合月龄：13—18个月

游戏价值：

通过玩图形配对的游戏，提升宝宝的观察、记忆和思维能力，促进宝宝认知能力的发展。

游戏玩法：

1. 在鞋盒或废弃的纸盒上挖出较为常见的形状，例如，长方形、正方形、三角形等。

2. 将长方形、正方形、三角形等图形涂上不同的颜色，引导宝宝将图形放入对应的洞中。

游戏延伸：

1. 宝宝能熟练配对后，家长可以增加不同的图形，以此来增加难度。

2. 家长在制作有尖角形状的时候，可以将尖角尽量剪钝，以免宝宝划伤。

13—18个月　认知和表现　图形配对

彩 色 瓶 盖

适合月龄：13—18 个月

游戏价值：

通过玩彩色瓶盖，让宝宝初步感知颜色，锻炼手眼协调能力。

游戏玩法：

1. 提供彩色瓶盖、有洞的盒子，观察宝宝是否愿意主动去玩，宝宝可随意插入、拔出瓶盖。

2. 观察宝宝手指抓握及插、拔情况，必要时给予语言引导，如：小手拿起黄色的盖子，对准洞洞插进去。

3. 家长和宝宝互动，一起玩按颜色把瓶盖插进洞洞的游戏。

游戏延伸：

1. 宝宝熟练后可以给宝宝提供尺寸较小有难度的插、拔玩具，如插棉签、插吸管等等，让宝宝操作。

2. 提供各种色彩鲜艳的图片让宝宝欣赏。

13—18个月　认知和表现　彩色瓶盖

瓶 子 瓶 盖

适合月龄：13—18个月

游戏价值：

通过玩瓶盖，探索瓶子的形状、大小，提升宝宝专注力及逻辑思维能力。

游戏玩法：

1. 将瓶盖拧开至松动状态（便于宝宝一拧就开），然后让宝宝尝试拧开。家长先观察宝宝的兴趣，如宝宝兴趣盎然，则在一旁静静陪伴；当宝宝失去耐心时，可以示范拧开瓶盖的动作，引发模仿。

2. 如瓶盖因大小不匹配盖不上时家长可以用语言提示宝宝，大大的瓶盖盖在大瓶子上。让宝宝感受到大小的区别，从而更好地进行游戏。

游戏延伸：

1. 提供颜色、形状不同的螺丝螺母玩具让宝宝操作。

2. 家庭中成人的药品及有毒物品要放置在宝宝触摸不到的位置，且不宜当宝宝的面吃药，以免宝宝误食。

13—18个月　认知和表现　瓶子瓶盖

猜 一 猜

适合月龄：13—18个月

游戏价值：

通过看一看、指一指、玩一玩提升宝宝的观察和判断能力，促进亲子关系。

游戏玩法：

1. 准备两个相同的小碗，一个小玩具。先出示小玩具让宝宝观察，将小玩具放在一只碗下面并扣住，另一只碗也扣在桌子上，然后移动两碗几次。让宝宝猜猜小玩具在哪只碗下。

2. 家长可以变换不同的移动法，以吸引宝宝的视线始终跟随着碗的移动而转移。

3. 为了让宝宝更有兴趣地参与游戏，也可以让宝宝来移动碗，家长猜。

游戏延伸：

1. 生活中可以和宝宝玩藏找游戏，把宝宝喜欢的小玩具藏在客厅、卧室中比较显眼的位置，让宝宝去寻找。

2. 藏找游戏可以锻炼宝宝的观察力、专注力、记忆力，还能满足宝宝的空间探索，锻炼宝宝空间思维能力。

13—18 个月　认知和表现　猜一猜

社会和情感

抱 一 抱

适合月龄：13—18个月

游戏价值：

通过和家人、小伙伴抱一抱，感受拥抱这一温馨的情感互动方式，发展宝宝的交往能力，促进宝宝语言的积累。

游戏玩法：

1. 家长张开双臂引导宝宝和家长拥抱，并用语言描述："抱一抱，我喜欢你，我的小宝贝。"

2. 引导宝宝会用拥抱的方式表达自己的情感。如抱一抱布娃娃，抱一抱小伙伴等，并用简短的语言表达："这是小姐姐，我们抱一抱吧！"

游戏延伸：

1. 家庭中我们多和宝宝拥抱，通过拥抱给予宝宝情感上的互动，满足宝宝安全感的需求。

2. 在生活中可以和宝宝一起亲子阅读绘本《抱一抱》，引导宝宝感受情感，丰富词汇。

13—18个月 社会和情感 抱一抱

礼貌话语甜蜜蜜

适合月龄：13—18个月

游戏价值：

通过引导宝宝使用"请""谢谢""我们一起玩"等礼貌用语，培养宝宝与同伴之间互相分享与谦让的良好品质。

游戏玩法：

1. 当宝宝在玩自己喜欢的玩具时，家长可以与宝宝互动："宝宝，我能和你一起玩玩具吗？""谢谢宝宝。"

2. 宝宝与小伙伴见面时，家长可以引导宝宝："宝宝，这是××，可以说××你好。"与小伙伴分别时，可以说："宝宝，我们要回家了，××再见。"

游戏延伸：

1. 在日常生活中，宝宝与同伴争抢玩具发生冲突的时候，家长可以用语言引导宝宝使用礼貌用语："请你借我玩玩可以吗？""我们能一起玩吗？""谢谢。"

2. 这个月龄的宝宝处于语言的积累期，家长可以经常和宝宝说说自己看到的事物或正在做的事情，家长也可以一边做一边说，增强宝宝对动词的理解，丰富相关的词汇。

13—18个月　社会和情感　礼貌话语甜蜜蜜

生活和体验

手 撕 包 菜

适合月龄：13—18个月

游戏价值：

通过手撕包菜，感知包菜的外形特征，发展宝宝的双手配合能力和锻炼手指灵活性，培养宝宝自我服务、服务他人的能力。

游戏玩法：

1. 刚开始，家长把整颗包菜给宝宝观察，让宝宝看一看、摸一摸、闻一闻，用多种感官让宝宝感受。接着，家长在一旁用语言提示宝宝用小手撕一撕，如果宝宝双手配合还不够协调，成人把包菜一片一片掰开再让宝宝用手撕。

2. 当宝宝遇到困难时，家长示范撕的动作，动作应夸张、缓慢，以便宝宝观察，鼓励宝宝把撕好的包菜放在盆里或篮子里。

游戏延伸：

在生活中还有许多活动可以让宝宝共同参与，比如早餐可以请宝宝帮忙剥鸡蛋，吃水果时请宝宝帮忙剥橘子、剥香蕉等。

13—18个月　生活和体验　手撕包菜

剥 橘 子

适合月龄：13—18个月

游戏价值：

通过让宝宝动手剥橘子,体验自己动手的乐趣,从而锻炼宝宝的自我服务能力。

游戏玩法：

1. 给宝宝提供2—3个小橘子,让宝宝尝试剥皮。

2. 家长在过程中根据宝宝能力进行支持：先开一个口,使宝宝能更顺利地剥,体验成功感。对于可以独立剥的宝宝,家长可以拿一个小橘子和他一起剥。

游戏延伸：

在家中可为宝宝提供其他生活体验,如：摘草莓蒂、择菜、剥香蕉、剥鸡蛋等类似的活动。

13—18个月　生活和体验　剥橘子

择豆角

适合月龄：13—18个月

游戏价值：

通过择豆角,感知菜的外形特征,发展宝宝双手协调能力和锻炼手指灵活性,培养宝宝自我服务、服务他人的能力。

游戏玩法：

1. 刚开始,家长可以观察宝宝用什么样的方式来择豆角,当宝宝遇到困难时,及时给予引导,语言引导在前,适时示范帮助在后。

2. 家长示范择菜的动作应夸张、缓慢以便宝宝观察,鼓励宝宝把豆角择成一段一段的。

游戏延伸：

在生活中还有许多活动可以让宝宝共同参与,比如洗菜、择菜叶、将水果蒂取下(带蒂的水果有草莓、枇杷、提子等)。还可以请宝宝帮忙剥鸡蛋、剥橘子、剥香蕉等。

13—18个月　生活和体验　择豆角

语言和交流

打 招 呼

适合月龄：13—18个月

游戏价值：

通过打招呼游戏锻炼宝宝胆量，让宝宝愿意与同伴或家人互动，发展宝宝的语言表达能力。

游戏玩法：

1. 全家人与宝宝一起玩打招呼游戏，爸爸妈妈示范见面打招呼的常见动作"挥挥手"，并清晰缓慢地说"你好、再见"等礼貌用语。

2. 鼓励宝宝与家里的成员打招呼，刚开始如果宝宝不愿意说或说不好时，成人用鼓励的语言激励宝宝。

3. 家人出门时或在小区、公园里见到熟悉的人或同伴主动打招呼，示范给宝宝看。

游戏延伸：

这个月龄的宝宝处于对成人语言的模仿和学习交际规则的阶段，鼓励宝宝用语言表达是家长这个阶段的一项重要任务，在家中多与宝宝互动，也可以多选择与宝宝生活经验相关的绘本，如：《噼里啪啦》《小熊绘本》系列，运用不同的方式积累语言词汇。

13—18个月　语言和交流　打招呼

你说我接

适合月龄：13—18个月

游戏价值：

通过与宝宝玩念儿歌的游戏,鼓励宝宝说出儿歌中的叠词,提高宝宝的语言表达能力,增进亲子间的交流。

游戏玩法：

1. 家长把宝宝抱在怀里,用清晰缓慢的语言给宝宝念儿歌:"小溪说话,哗啦啦。小雨说话,沙沙沙。小鸡说话,叽叽叽。小鸭说话,嘎嘎嘎。青蛙说话,呱呱呱。宝宝说话,哇哇哇。"

2. 在念儿歌的过程中爸爸妈妈先示范,妈妈念爸爸接叠词,或者爸爸念妈妈接叠词,当念到小鸡说话……家长适当地停一下,观察宝宝的表情,鼓励宝宝说:叽叽叽。慢慢地,宝宝对儿歌熟悉了,家长就可以随时与宝宝互动了。

游戏延伸：

1. 在家里多给宝宝欣赏不同的儿歌,并以不同的形式让宝宝巩固。这样,在玩耍的时候就可以将儿歌融入进去,反复练习。

2. 最好的礼物就是亲子陪伴,在陪伴的过程中家长可以把看到的、听到的、摸到的描述给宝宝听,家长多说多输入词汇给宝宝,发展宝宝的语言能力。

13—18个月　语言和交流　你说我接

我 的 五 官

适合月龄：13—18个月

游戏价值：

通过触摸五官、描述五官的游戏，在互动中让宝宝了解五官的特点，发展宝宝的语言表达能力。

游戏玩法：

1. 在家庭中家长可通过五官的图片或带五官的娃娃与宝宝互动，一边互动一边念儿歌："小手小手跑跑，跑到眉毛上，摸摸眉毛。小手小手跑跑，跑到眼睛上，摸摸眼睛。小手小手跑跑，跑到耳朵上，摸摸耳朵。小手小手跑跑，跑到鼻子上，摸摸鼻子。小手小手跑跑，跑到嘴巴上，摸摸嘴巴。"

2. 家长与宝宝面对面坐，家长边念儿歌边做游戏，并用食指和中指在宝宝的身上从脚上"爬"到脸上各个五官，等宝宝熟悉后可以让宝宝的小手在家长的脸上"爬一爬"，当念到：小手小手跑跑，跑到……上，鼓励宝宝回答。

3. 家长也可以给宝宝讲述五官的用处。例如：我们的耳朵是用来听各种声音的，家长可以敲击家里不同容器发出声音，让宝宝感受倾听。

13—18个月　语言和交流　我的五官

游戏延伸：

宝宝的语言发展需要愉悦轻松的环境，生活中的真实语言情境正是宝宝练习语言的很好契机，所以家长可以利用生活中的物品及生活情境和宝宝练习，家长多说多输入，宝宝听得多了，自然会输出。

奇妙的声音

适合月龄：13—18 个月

游戏价值：

通过听声游戏刺激宝宝的听觉，在互动中让宝宝模仿小动物的叫声，提升宝宝语言听辨能力。

游戏玩法：

1. 家长将小动物发声玩具藏在柜子边、地毯或纱巾底下，发出声音，"宝宝听，这是什么声音，快点找找"（小青蛙、小鸡）。

2. 宝宝找到玩具后，家长与宝宝互动，小青蛙来了"呱呱呱"；小鸡来了"叽叽叽"，引导宝宝一起学小动物叫。

3. 把小动物叫声编成朗朗上口的小儿歌，经常和宝宝一起念。如：小鸡、小鸡，叽叽叽；小鸭、小鸭，嘎嘎嘎；小青蛙、小青蛙，呱呱呱。

游戏延伸：

1. 家庭中让宝宝听节奏欢快的儿歌或朗朗上口的童谣。

2. 多带宝宝倾听大自然中各种各样不同的声音。

13—18个月　语言和交流　奇妙的声音

本章参与编写教师：

崔耿耿、曾瑞雯、方柔葭、陈海琴、谢玫瑰

19—24 个 月

婴幼儿日常教养环境创设与指导

一、19—24个月婴幼儿日常教养环境创设建议（手绘图）

19—24个月　起居环境平面图

19—24个月　卫生间平面图

二、19—24 个月婴幼儿心理环境创设指导

（一）婴幼儿心理发展主要特点

这阶段宝宝自主意识明显，正处于心理发展转折期，喜欢自己拿主意，能把自己的内在感受和想法表达或表现出来，同时通过观察周遭环境、人群因自己的做法带来的因果反应，来进一步认知自我和事物之间的关系。这阶段的宝宝喜欢说"不"，也常常表现出"反抗"行为。

（二）婴幼儿游戏家长支持要点

1. 请家长多理解尊重此阶段宝宝心理发展需要，多给宝宝自己独立做主的环境和机会。

2. 家长不要受宝宝情绪影响，要注意主动自我调节降低焦躁，先平缓自己的情绪，再调适教养态度和方法。在安全的前提下，先理解支持宝宝当下的需求，等宝宝情绪稳定时再给予适当的建议。

3. 与宝宝共同建立规则和选择在先，在实际过程中如果宝宝反抗突破规则时，请耐心提供 2—3 种新的选择途径或解决方式，引导宝宝慢慢接纳并愿意尝试。

三、19—24个月婴幼儿家庭环境创设指导

游戏区

1. 玩具架、托盘

规格建议：（1）玩具架约长 110 cm×宽 28 cm×高 60—80 cm(2—3 层)。

（2）托盘 4—6 个,约长 30×宽 20 cm×高 4 cm。

材料建议：串珠、豆子、夹子、积木等。

操作建议：提供适合双手互动、三指捏取的操作材料,家长陪伴宝宝将同种材料归类收放。

19—24 个月家庭环境　游戏区 1

19—24 个月家庭环境　游戏区 2

2. 儿童桌椅

规格建议：桌子约长 70 cm×宽 70 cm×高 45 cm。

椅子约宽 29 cm×高 24 cm。

材料建议：选用圆角或无棱角、稳定安全的桌椅。

操作建议：引导宝宝独立坐着玩,结束时共同整理桌面、椅子。

19—24 个月家庭环境　游戏区 3

阅读区

1. 书架

规格建议：约长 78 cm×宽 28 cm×高 60 cm（2—3 层）。

材料建议：首选木制无棱角、稳定牢固的材料，也可选材质环保的塑料书架。

提供 7—8 本符合月龄特点、兴趣，画面色彩明快、清晰的绘本。

操作建议：家长陪伴宝宝共同取放、整理书架，尽量做到类别不重复，定期更换。

19—24 个月家庭环境　阅读区 1

2. 亲子阅读椅

规格建议：（1）亲子阅读椅：约长 88 cm×宽 61 cm×高 74 cm。

（2）地垫：直径约 100 cm。

材料建议：坚固稳定，材质舒适。

操作建议：家长陪伴引导宝宝坐稳，使用完及时归位。

19—24 个月家庭环境　阅读区 2　　　　19—24 个月家庭环境　阅读区 3

涂鸦区

涂鸦墙

规格建议： 约长 100 cm×高 60 cm。

材料建议： 有条件的可提供涂鸦墙，条件不允许的可在桌面或墙面设置磁性白板贴、彩色白板笔、板擦、图画纸、罩衣、无毒颜料、排刷、小抹布等。

操作建议： 支持宝宝自由涂鸦，不干涉创作，可帮助宝宝共同整理环境。

19—24 个月家庭环境　涂鸦区 1

19—24 个月家庭环境　涂鸦区 2　　　　19—24 个月家庭环境　涂鸦区 3

进餐区

餐椅、餐具

规格建议：

餐椅：约高 50 cm×宽 40 cm。

材料建议：选择结构稳定、不易倒翻的多功能儿童餐椅。

操作建议：家长陪伴引导宝宝坐稳。

餐具：

餐盘、小碗、叉子、勺子、杯子、围兜。

材料建议：选择安全环保无毒餐具；围兜首选柔软亲肤，不勒脖子，可调节颈扣。

操作建议：家长陪伴引导宝宝尝试独立进食。

19—24 个月家庭环境　　　19—24 个月家庭环境　进餐区 2　　　19—24 个月家庭环境　进餐区 3
进餐区 1

盥洗区

1. 坐便盆

规格建议：约长 28.8 cm×宽 24 cm×高 15×20 cm。

材料建议：尽量选用简单款，稳固的坐便盆。

操作建议：方便宝宝能够独立跨坐。

19—24 个月家庭环境　盥洗区 1

2. 小便器

规格建议：约长 23 cm×宽 16 cm×高 47 cm。

材料建议：选择安全环保，款式简单，稳固的小便器。

操作建议：家长引导并帮助宝宝尝试对准小便器中的"小风车"进行小便。

19—24 个月家庭环境　盥洗区 2

3. 垫椅

规格建议：约长 31 cm×宽 23 cm×高 16 cm。

材料建议：选择无棱角防滑，安全稳固的。

操作建议：方便宝宝能自如上下，家长需注意宝宝安全。

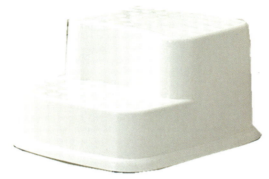

19—24 个月家庭环境　盥洗区 3

4. 水龙头延伸器

规格建议：约长 15 cm×宽 9 cm×高 6 cm。

材料建议：选择材质环保安全，有一定宽度的延伸口。

操作建议：方便宝宝能够独立洗手。

19—24 个月家庭环境　盥洗区 4

5. 洗漱用品

牙膏、牙刷、牙杯、毛巾。

材料建议：选择安全、环保、无毒并适合宝宝的洗漱用品。

操作建议：家长引导宝宝尝试学习独立刷牙洗脸。

19—24 个月家庭环境　盥洗区 5

6. 垃圾桶

规格建议：约长 18.5 cm×宽 26.5 cm×高 41.5 cm。

材料建议：选择开口较大、方便宝宝独立扔垃圾的垃圾桶。

操作建议：家长陪同，引导宝宝独立扔垃圾。

19—24 个月家庭环境　盥洗区 7

休息区：

1. 儿童床

规格建议： 离地面 25—30 cm 床：约长 80 cm×宽 160 cm×高 90 cm。

材料建议： 选择木制无棱角、牢固、环保的床。

操作建议： 引导宝宝上下床边的小楼梯时，扶住扶手，注意安全。

19—24 个月家庭环境　休息区 1

2. 儿童衣柜

规格建议： 约面宽 60 cm×侧宽 40 cm×高 100 cm。

材料建议： 选择有抽屉、有分类筐，可自由组合的衣橱。

操作建议： 引导宝宝自己取放衣服、袜子，并分类归放。

19—24 个月家庭环境　休息区 2

3. 地垫

规格建议：约直径 120 cm。

材料建议：环保、柔软、不易滋生细菌、不掉毛屑。

操作建议：不放置尖锐杂物，便于宝宝操作使用。

19—24 个月家庭环境　休息区 3

四、19—24 个月婴幼儿日常教养材料提供建议

19—24 个月的婴幼儿身体动作发育趋于稳定，家长可多创设安全宽敞的家庭自然环境，供婴幼儿在行走及上下楼梯的过程中提升自身行走协调性及身体平衡能力。为婴幼儿提供锻炼双手互动能力、三指分化能力的操作游戏，提升手的灵活性。同时，此月龄婴幼儿语言理解及输入、输出能力也大大提高，可以在阅读绘本时、在日常生活、社区中，以及与同伴游戏时，增进丰富语言的输入和运用。

19—24 个月月龄的孩子可通过以下游戏来提高婴幼儿各方面的能力，主要包括"感知和运动""认知和表现""社会和情感""生活和体验""语言和交流"五个领域的日常小游戏，具体如下：

感知和运动

好玩的夹子

适合月龄：19—24个月

游戏价值：

通过三指捏压方式玩夹子，锻炼宝宝三指的力量，提高双手协调、配合的能力。

游戏玩法：

1. 家长先示范打开夹子，帮助宝宝观察夹子的头部和尾部；再请宝宝双手打开夹子，主动夹固定的卡片；最后让宝宝尝试一手拿卡片一手拿夹子双手互动地夹。

2. 先观察宝宝操作的情况，如果宝宝手部力量没法打开夹子，可更换松一点的塑料夹；宝宝没法做到双手配合，家长可将物品放到打开的夹子头部。家长鼓励宝宝克服困难，尝试一只手打开夹子并用另一只手将物品送进夹子头部。当宝宝能独立完成整个夹的动作时，家长可给与适当的表扬。

游戏延伸：

1. 提供生活中常见的各种塑料夹、木夹、金属夹等，请宝宝尝试夹稍有厚度的不同材质的物品，如玻璃容器、塑料容器、金属容器、布料等。

2. 家长在生活情境中与宝宝一起玩夹相片、夹食品袋等游戏。当宝宝能够熟练完成时，还可以增加难度，如提供不规则的玩偶、稍厚的玩具等，与宝宝一起挑战。

3. 家长注意提醒宝宝不要夹到自己的手指。

19—24个月　感知和运动　好玩的夹子

好玩的镊子

适合月龄：19—24 个月

游戏价值：

通过用三指使用镊子夹物品，锻炼宝宝手部肌肉的控制能力和手指的灵活性。

游戏玩法：

1. 宝宝拿起镊子尝试夹起容器中的纸球，并保持夹的动作将纸球放到另一个容器里。

2. 家长观察宝宝对夹是否感兴趣，观察宝宝使用镊子的情况，拿镊子是竖着拿，还是横着拿。帮助宝宝调整手势，辅助宝宝转动镊子口部的方向，更好地夹起纸球。夹的过程中家长用语言鼓励支持宝宝继续夹。

游戏延伸：

1. 提供生活中的镊子、小容器，以及红枣、软糖、切块蛋糕、小纸团等软质的物品，让宝宝用三指控制镊子尝试夹物品。也可以提供不一样大小、松紧的镊子给宝宝尝试，鼓励宝宝尝试用不同的镊子将不同形状的切块水果或蔬菜夹到另外的盘子里，支持宝宝继续夹。

19—24 个月 感知和运动 好玩的镊子

2. 更换不规则形状的物品，如豆子、花生、小块西兰花、小石子、钥匙挂件、颗粒玩具等，鼓励宝宝自己尝试找角度，并根据物品调整自己的镊子口径。更换不同口径、不同方向的容器，如矿泉水瓶、布口袋、六面挖有不同形状孔的快递箱等，让宝宝尝试夹起物品，并转动手腕、变换手势将物品投进不同的容器中。

钥 匙 串

适合月龄：19—24 个月

游戏价值：

通过穿、拉的动作完成穿一串钥匙，提高宝宝双手配合及手眼协调的能力。

游戏玩法：

1. 宝宝通过看、摸等多种方式感知钥匙的孔，一手拿鞋带，一手拿钥匙，尝试将鞋带的头部穿过钥匙的孔，并能从孔的另一侧拉出鞋带头。

2. 刚开始宝宝可能会将鞋带头穿进孔，却不知道从另一侧拉出。家长可以帮助宝宝拿住钥匙，请宝宝穿，并引导宝宝从另一侧拉出。如果宝宝兴趣盎然，家长则在一旁静静陪伴，当宝宝即将失去兴趣时，可以与宝宝一起合作、比赛，边穿边口头数数（物品数量在 3 以内），引发宝宝模仿。

3. 可提供小孔洞的珠子、增加珠子数量和可穿的软绳提升难度，还可以引导宝宝按珠子的颜色、形状等分类穿。

游戏延伸：

1. 提供生活中的各种线，如铁丝、毛线、彩带、鱼线，细孔珠子或纽扣。提供带孔的小物品，如雪花片、带孔玩具、钻孔瓶盖、藕片、螺母，与宝宝一起玩穿项链的游戏，以及长短不一的可穿物，如剪短的吸管、空心菜茎、纸筒等。与宝宝一起挑战穿长线，挂起来装饰。

2. 通过鼓励宝宝穿珠子制作手链、项链送给亲人、同伴等，提升宝宝的自我成就感和自信心。

19—24 个月　感知和运动　钥匙串

插 吸 管

适合月龄：19—24 个月

游戏价值：

通过反复插粗细、长短不同的吸管游戏，感受空间变化带来的不同视觉刺激，提高手眼协调能力。

游戏玩法：

1. 家长先观察并支持宝宝自由操作，不急于示范或者强调方法。在宝宝因为吸管不能准确插入孔洞而想放弃前，请及时引导并帮助他们，建议宝宝抓握吸管中下端方便插入。

2. 必要时家长可与宝宝共同游戏，引导宝宝观察您的操作，通过模仿建立经验，尝试探索和操作。

游戏延伸：

1. 家长可以加入情境，如通过建停车场、建栅栏等方式，加入辅助物增加趣味与经验，帮助宝宝在反复"插"的过程中，提升手眼协调能力。

2. 家长需提醒宝宝拔吸管动作不宜力量过大，以免戳伤眼睛。

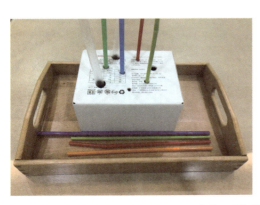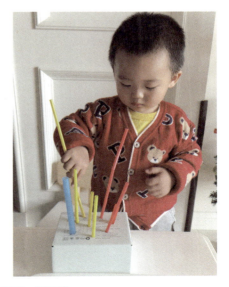

19—24 个月　感知和运动　插吸管

谷物圈套意面

适合月龄：19—24个月

游戏价值：

通过用竖条意面套谷物圈的游戏，提升宝宝手眼协调与抓放互逆的能力。

游戏玩法：

1. 将意面固定插在地瓜土豆等物品上，家长可以先示范套圈的玩法，家长套上去，请宝宝拿出来。

2. 鼓励宝宝把谷物圈一个一个都拿下来，家长把套圈依次排开，再鼓励宝宝把圈套进去。

游戏延伸：

1. 日常生活中，家长可以引导宝宝帮忙将毛巾、背包、衣服、钥匙、雨伞等物品挂在挂钩上。

2. 让宝宝做一些力所能及的事情，帮助宝宝养成自我服务的习惯。比如：自己剥鸡蛋、橘子等。

19—24个月　感知和运动　谷物圈套意面

好玩的石头

适合月龄：19—24 个月

游戏价值：

通过引发宝宝发现小区、大自然中石头的大小、厚薄、纹理等不同，在操作的过程中充分刺激并提升视觉、触觉等多感官体验与发展。

游戏玩法：

1. 家长充分支持宝宝用任意方式探索石头，可触摸、按压、敲击、自由摆弄，可排序、比较大小、一一对应，也可叠高等各种方式玩石头，丰富体验并积累经验。

2. 可以用丰富、生动的语言描述各类石头纹理、触感等，也可与宝宝一起给不同石头命名。

游戏延伸：

1. 家长特别需要注意的是，引导宝宝注意安全，轻拿轻放，不做扔石头等危险动作。

2. 宝宝玩得熟练后，可以为宝宝提供树枝、树叶、模型汽车、小人偶、小动物模型等，与宝宝一起玩，可搭建房屋或马路等等。

19—24 个月　感知和运动　好玩的石头

卷 纸 乐

适合月龄：19—24 个月

游戏价值：

通过玩转动卷纸的游戏，锻炼宝宝的手腕控制能力，提升手眼协调能力。

游戏玩法：

1. 拉长卷纸，在纸的一端放一个橘子，同时告诉宝宝卷纸的要领：要控制好力度，小心纸断掉了，也要小心你的小水果跑了。

2. 宝宝拿到橘子后，要夸奖并给予鼓励："真棒！宝宝的卷纸没断掉。"待宝宝熟练后，还可以增加游戏的趣味性，家长和宝宝进行卷纸比赛，看看谁先成功。

游戏延伸：

1. 日常生活中还可以用各种盒子系好绳子，另一端系在矿泉水瓶上，宝宝和家长快速转动矿泉水瓶，看谁的盒子先拿到手。

2. 家长让宝宝参与到家务劳动中，可以让宝宝卷自己的小袜子、小手帕，卷起来放柜子。

19—24 个月　感知和运动　卷纸乐

开 开 关 关

适合月龄：19—24 个月

游戏价值：

通过探索色彩鲜艳、方便开关的拉链包或纽扣包的过程，引发宝宝观察并尝试逐一打开、关上的探索游戏，提升双手互动的能力。

游戏玩法：

1. 家长可以收集日常生活中的书包、背包、零钱包等有拉链或者开关的各种包包，方便宝宝打开、关上，支持和鼓励宝宝自己尝试双手互动开开关关玩包包。

2. 可以在各种包包里面投放雨花石、铃铛、小玩具等家庭中有趣的小物品，摇晃发出声响吸引宝宝逐个打开、关上。宝宝遇到困难时，家长可以帮忙固定住开关的起始或帮助拉开一小部分降低难度。

游戏延伸：

1. 日常生活中可以请宝宝为家人服务，帮助家人或自己打开关上包包、抽屉、门等等，待宝宝双手互动、手腕灵活性协调性提高了也可以尝试打开钥匙、锁头等提升能力。

2. 在开关门、抽屉的过程中，家长需提醒宝宝注意安全，不夹伤手指等身体部位。

19—24 个月　感知和运动　开开关关

跨越绳索

游戏价值：

宝宝通过跨越玻璃绳、彩带等障碍的过程，逐渐提升身体的平衡能力和协调能力，促进更协调地行走并为后续"跑"做准备。

游戏玩法：

1. 利用家庭中较宽敞、地面平整的空间，找几把稳重的椅子，平行放置两排，把玻璃绳或彩带交替绕过两边的椅子腿形成跨越的障碍，绳或彩带离地面高度不超过 10—15 cm，引导宝宝抬腿跨越障碍，鼓励宝宝跨越时尽量不碰到绳索。

2. 刚开始跨越时，需引导宝宝先扶着椅子寻找平衡后再跨越绳索障碍，然后再逐渐尝试独立跨越。

游戏延伸：

1. 在客厅或走廊与宝宝一同利用家庭中物品设置障碍，宝宝逐渐熟练后，家长可以提升难度让宝宝尝试手拿着轻巧安全的物品进行跨越，也可与宝宝玩共同跨越的竞赛。

2. 家长需要仔细观察游戏场地是否有安全隐患，及时排除或提醒宝宝。

19—24个月　感知和运动　跨越绳索

筷子挑皮筋

适合月龄：19—24 个月

游戏价值：

通过玩筷子挑皮筋的游戏，提升宝宝对颜色的辨别能力、手眼协调能力，提高宝宝专注力的持久性。

游戏玩法：

1. 在盆中倒入适量的水，放进一些五颜六色的皮筋，宝宝需要拿一根筷子对准皮筋的圈将它挑起，家长先观察宝宝是否能将筷子插入皮筋内，支持他们自由探索。

2. 宝宝一开始不能挑起皮筋是很正常的，鼓励他们继续探索。逐渐熟悉后再引导他们尝试做到颜色分类。

游戏延伸：

1. 家长可以提供家庭中不同粗细的吸管、小树枝、筷子、牙签以及不同高度的带孔瓶子，满足宝宝反复插的需求。

2. 这个月龄的宝宝对孔洞和因果关系游戏特别感兴趣，喜欢触碰家里的各种孔洞如

19—24个月　感知和运动　筷子挑皮筋

插座电器等等,如果宝宝能通过上面这类游戏得到满足,会大大减少触碰日常生活中比较不安全的孔洞的频率,逐渐过渡到不触碰。

摸 箱 猜 想

适合月龄:19—24个月

游戏价值:

通过摸一摸、猜一猜,感知物品的不同属性、特征,逐渐提升感知觉与思维能力。

游戏玩法:

1. 利用家中牢固的鞋盒或快递箱,挖两个与宝宝手掌宽度差不多大的洞口,做一个摸箱。将不同材质的物品放进摸箱里,让宝宝尽情地摸一摸、猜一猜、说一说是什么物品。

2. 可以逐渐适当增加游戏难度、玩法,增加趣味性。比如:增加物品的种类、时间限定、猜对小奖励等。

游戏延伸:

1. 生活中可以多与宝宝一起观察、交流日常物品的主要特征、细节特点,丰富宝宝的认知,提高宝宝的观察感知能力。

2. 可以邀请邻居小伙伴或玩伴共同玩游戏,提升经验的同时还能增进社会性发展。

19—24个月　感知和运动　摸箱猜想

牛奶盒组合

适合月龄：19—24 个月

游戏价值：

通过牛奶盒子搭垒、组合图形的游戏，提高想象、手眼协调及逻辑思维能力。

游戏玩法：

1. 家长先观察宝宝的玩法，一开始宝宝都是无目的随意摆弄，如：排排队、叠高高等。慢慢地，家长可以用语言提示或暗示建构得更加丰富，鼓励宝宝用自己的方式组合拼搭。

2. 当宝宝对材料熟悉后，家长可以跟宝宝一起玩拼搭互动游戏，引发宝宝兴趣。

游戏延伸：

1. 家长在日常生活中还可以用宝宝熟悉的物品（如小石头、小木块、书籍、废旧包装盒、易拉罐等）和宝宝玩叠高高的游戏。

2. 可以多提供些辅助物搭垒，比如纸板、雪糕棒、瓶盖等有主题的搭建。

19—24 个月　感知和运动　牛奶盒组合

上 下 楼 梯

适合月龄：19—24 个月

游戏价值：

宝宝在上下楼梯中，提升了宝宝身体的平衡和协调性，同时还锻炼了腿部力量，促进宝宝更协调地行走。

游戏玩法：

1. 家长在自家楼道楼梯上方摆放宝宝喜欢的玩具或物品，吸引宝宝扶着扶手或放开扶手独立上楼梯拿取物品。

2. 鼓励宝宝扶着扶手下楼梯，提醒速度不宜过快，并将拿到的物品送给家长，互动分享成功喜悦。

游戏延伸：

1. 家长可以多带宝宝去户外公园安全的、较长的阶梯，或者自住的小区阶梯，陪伴宝宝尝试重复上上下下。

2. 家长需提醒宝宝眼睛看着楼梯上上下下，并注意保护宝宝的安全。

19—24 个月　感知和运动　上下楼梯

听 音 瓶

适合月龄：19—24 个月

游戏价值：

通过感受不同质感、重量的物品在晃动、碰击过程中所发出的不同声响，逐渐丰富宝宝辨别音质的能力、经验。

游戏玩法：

1. 听音的过程是充满自由的内在体验活动，宝宝可逐一也可同时摇晃两个听音瓶，可用上下、左右等各种方式摇晃。

2. 家长可以共同融入游戏，一起倾听，支持宝宝用任何自己喜欢的方式感受。过程中注意创设便于宝宝专注倾听的环境，不发出过多干扰声响。

游戏延伸：

1. 家庭中可以激发宝宝听觉和专注力的物品非常多，家长不妨将各种能发出声响的材料，如：小米、薏米、核桃、花生、小玻璃珠、绒球等，投入不同材质的瓶子，如：塑料的矿泉水瓶、不绣钢保温瓶等，引发宝宝在反复操作与倾听中提升辨音能力。

2. 家长可以与宝宝玩辨音游戏，家长摇响瓶子，宝宝猜猜是什么物品发出的声音。

19—24个月　感知和运动　听音瓶

投篮游戏

适合月龄：19—24个月

游戏价值：

通过向前、向上、向下等不同方位投掷小球的过程，提高宝宝手臂爆发力、手眼协调能力及投掷的能力。

游戏玩法：

1. 在家中、住房的楼下或小区中寻找比较宽敞、安全的位置，放几个置物篮或塑料筐，以及一筐小球，让宝宝站在离篮子1—2m远的地方尝试将球投进。

2. 宝宝逐渐熟练后，可以适当通过拉开投掷的距离或缩小投掷篮筐的大小来提高难度，提升宝宝投掷等各种能力。

游戏延伸：

1. 家长可以改变投掷的物品，改成更轻或更小的物品增加投掷的难度。

2. 随着宝宝投掷能力的提高，家长可以共同参与"投掷友谊赛"，和宝宝一起数数投掷的数量，给获胜者小奖励。

19—24个月　感知和运动　投篮游戏

闻香瓶

适合月龄：19—24个月

游戏价值：

通过利用自然物散发的不同气味调动宝宝嗅觉的敏感度和辨识能力。提升宝宝对气味的感受与认知。

游戏玩法：

1. 宝宝自由闻一闻日常生活中八角、桂皮、花椒等有明显或特殊气味的香料，家长可以共同融入游戏，互动分享自己的嗅觉体验，并用丰富准确的语言描述自己的感受，帮助宝宝表达自己的嗅觉感受。

2. 宝宝喜欢打开瓶盖将香料倒出触摸、闻一闻、尝一尝，家长在保证卫生安全的情况下给予支持体验。

游戏延伸：

1. 家庭中可以提供许许多多的不同气味的物品，如：桂花、陈皮、橘子皮、香叶等。

2. 家长可以激发宝宝通过嗅觉去发现物品的不同感受，重要的是家长可以在陪伴的过程中用形象、生动的词汇进行描述和用完整的语句进行对话，在闻香的过程中丰富宝宝感官经验和语言表达能力。

19—24个月　感知和运动　闻香瓶

舀 红 枣

适合月龄：19—24 个月

游戏价值：

通过舀不同材质、数量的物品，不断提升宝宝手腕灵活性、手眼协调性以及双手互动能力。

游戏玩法：

1. 鼓励宝宝慢慢地操作，支持他们独立尝试，当红枣散落时家长及时支持宝宝拾起再尝试，并给予语言引导："对准瓶口，慢一点就不会散落了。"支持宝宝反复操作。

2. 宝宝逐渐熟练后，可以提供桂圆、青豆等更圆滑、更小的材料，鼓励宝宝舀进瓶中。

游戏延伸：

1. 宝宝在操作过程中，经常会出现用手代替勺子直接抓取红枣放进瓶子的情况，或直接倒进瓶子的情况，这都非常正常。

2. 家长要理解和支持宝宝尝试用自己的思维去解决问题的发展需要，让他们体验并观察，家长只需要帮助描述为什么倒进去会散落的原因，用语言给予帮助就可。同时，家长也可自己拿一个勺进行舀的示范，激发宝宝模仿的兴趣。

19—24 个月　感知和运动　舀红枣

纸杯保龄球

适合月龄：19—24 个月

游戏价值：

通过用小球瞄准纸杯垒叠的"塔"，并将"纸杯塔"击倒的过程，提升宝宝手臂爆发力以及抛球的能力，在垒叠"纸杯塔"的同时提高宝宝的手眼协调、平衡能力。

游戏玩法：

1. 与宝宝一起动手将纸杯逐层垒叠形成 3—4 层高的"塔状"，引导宝宝在 2—4 m 外滚动小球向前击倒"纸杯塔"。每次击倒后，鼓励宝宝和家长一起扶起纸杯重新垒叠，反复游戏。

2. 家长可以共同参与，与宝宝约好每次击倒纸杯少的人，下次就去垒叠纸杯，有竞争，游戏会更好玩，家长可以在后期再帮助一起垒叠。

游戏延伸：

1. 宝宝经常出现只想击倒"纸杯塔"但不想扶起纸杯重新垒叠纸杯的行为，这很正常。家长应该理解并给予正面鼓励和引导，身体力行和他们一起动手垒叠。

2. 掌握游戏方法后，可以提高难度，替换更小或更大的纸杯或纸盒进行击倒游戏。

走 平 衡

适合月龄：19—24 个月

游戏价值：

通过行走小区绿化带边缘用水泥或瓷砖围成的隔离带，提升身体平衡能力以及感觉统合能力，促进其更协调地行走并为后续"跑"做准备。

游戏玩法：

1. 寻找小区中宽度 10 cm 左右比较宽敞的、安全平整且周围无尖角的隔离带，家长扶住宝宝的单手或双手，引导宝宝眼睛看着隔离带，尝试慢慢在隔离带上行走。

2. 根据宝宝行走的平衡情况，鼓励宝宝不用双手扶，尝试独立行走几步或持续较平衡行走。

游戏延伸：

1. 日常生活中可以和宝宝玩踮脚尖、单脚站或让宝宝站在家长双脚上行走等亲子游戏，逐渐提高宝宝身体的平衡能力。

2. 可以带宝宝多到户外、公园等地方，走走马路牙子、花坛或小路、小山坡，提升身体平衡与统合能力。

19—24 个月　感知和运动　走平衡

认知和表现

玻璃水贴画

适合月龄：19—24个月

游戏价值：

通过打湿玻璃将树叶和纸张贴上去的过程，锻炼宝宝手眼协调能力和艺术创作力。

游戏玩法：

1. 用湿布将玻璃打湿或者用喷壶喷湿，把树叶或者剪好的纸贴在玻璃上。

2. 宝宝在艺术创作时需要更多自主和自由，家长先观察，需要帮助时再给予辅助。

游戏延伸：

1. 日常生活中，可以跟宝宝玩面粉面团，跟宝宝一起制作出有趣的造型，还能制作出美味的食物来品尝。

2. 通过看绘本、参观画展和展览馆提升艺术欣赏能力。

19—24个月　认知和表现　玻璃水贴画

对 对 碰

适合月龄：19—24 个月

游戏价值：

通过玩颜色配对游戏，提升宝宝颜色认知和一一对应的能力。

游戏玩法：

1. 先观察宝宝是如何自由操作探索的，如果宝宝能自由探索就不打扰他们，支持他们用自己的方式操作，积累经验。

2. 宝宝用右手二指捏拿起碗里的橄榄、圣女果、金桔，找到洞口对应的颜色，把物品放进洞里。

游戏延伸：

1. 生活中也可以利用宝宝熟悉的几样色彩差异比较大的蔬果进行颜色分类，比如黄色的砂糖橘、红色的圣女果、蓝色的蓝莓、绿色的豆角等。还可以用不同颜色的珠子、袜子代替。

2. 日常生活中可以找些配对的物品，比如鞋子、手套、袜子等，让宝宝学会配对。

分 豆 豆

适合月龄：19—24个月

游戏价值：

通过观察发现豆豆颜色的不同，并尝试按颜色分类，提升宝宝的认知和分类能力。

游戏玩法：

1. 将不同颜色的豆豆混合放在容器里，家长引导宝宝将相同颜色的豆豆归类到一个容器中。

2. 家长可以提供镊子，让宝宝用镊子将豆子夹起，放到不同容器中。

游戏延伸：

1. 家长在引导宝宝多种感官体验的同时，还可以尝试多种形式让宝宝进行唱数和点数，如："走路、上楼梯、蹦跳、玩玩具""请帮妈妈拿两个杯子"等，观察宝宝的情况及时调整难度。

2. 日常生活中收放玩具、袜子、鞋子也可以结合颜色分类，比如：颜色一样的袜子叠放到一起等。

19—24个月　认知和表现　分豆豆

滚 小 球

适合月龄：19—24个月

游戏价值：

通过玩滚小球的游戏，体验空间的变化和速度的变化。

游戏玩法：

1. 用家里的搓衣板、纸板等，让宝宝把小球滚下去，可以在下面放一个盒子当球门。

2. 利用楼梯、滑滑梯让宝宝玩滚球游戏，简单地感受滚球的快乐。

游戏延伸：

1. 家长在日常生活中先观察宝宝是如何自由探索操作的，如果宝宝能自由探索就不打扰他们，支持他们用自己的方式操作积累。

2. 在日常生活中可以利用纸板铺出高低不同的滑道，跟宝宝一起探索不同坡度带来的速度变化。

19—24个月　认知和表现　滚小球

果 汁 吹 画

适合月龄：19—24 个月

游戏价值：

通过用果汁吹出不同形状的游戏，提升宝宝对图形的认知，体验色彩变化的乐趣。

游戏玩法：

1. 用小勺取少许的果汁滴在纸上，用吸管轻轻吹开。吹的力度方向不同得到的效果也不同。

2. 家长在一旁观察宝宝的操作情况，不打扰宝宝的探索。待宝宝熟练后，家长可以和宝宝一起完成。

游戏延伸：

1. 日常生活中，可以在纸板上用吸管吹绒球，锻炼宝宝肺活量和控制能力。

2. 带宝宝到户外可以玩吹泡泡的游戏，感受泡泡的变化带来的乐趣。

19—24 个月　认知和表现　果汁吹画

果汁滚画

适合月龄：19—24 个月

游戏价值：

通过玩果汁滚画的游戏，提高宝宝专注力与视觉追踪能力和手的控制能力，并感受色彩混合变化的奇妙。

游戏玩法：

1. 提供三色果汁，家长示范将圆形水果放进果汁中，让宝宝通过模仿家长动作使水果沾满果汁。家长可以提醒宝宝用勺子滚动水果，使果汁更好地附着在水果上。

2. 将沾上果汁的水果，倒入放好纸张的托盘中，通过双手摇晃托盘控制水果在盘子中的滚动，进行果汁滚画。

游戏延伸：

1. 在家庭中，家长与宝宝玩滚画时可以利用不同大小、不同材质的生活化材料，如乒乓球、花生、黑豆等，和不同深浅的托盘、纸盒和奶粉罐，进行滚画。当滚画完成后家长和宝宝一起欣赏，并一起把画纸背面的双面胶撕开，贴在卡纸上，形成完整的作品。也可以进行再创造，如在画框上进行简单的装饰。

2. 游戏时家长在宝宝身旁，注意宝宝安全。如果担心宝宝把衣服弄脏，可以给他穿上罩衣。

19—24 个月　认知和表现　果汁滚画

会跳舞的牛奶画

适合月龄：19—24 个月

游戏价值：

通过搅拌、观察牛奶画的变化过程，调动宝宝多感官的参与，提升宝宝观察力、专注力、欣赏力。

游戏玩法：

1. 将牛奶倒入盘子中，在牛奶中间滴入不同颜色的彩色果汁，用一根棉棒蘸上洗洁精，点在牛奶里。

2. 家长引导宝宝观察牛奶中的颜色跟洗洁精之间的反应，颜色迅速扩散翻滚形成动画效果。可以引导宝宝思考：会变什么形状呢？接下来还会怎么样？

游戏延伸：

1. 吃饭和洗澡时，可以让宝宝自己尝试，用勺子捞出汤里的食物和水里的玩具；锻炼宝宝手腕的控制能力和手眼协调能力。

2. 游戏时家长在宝宝身旁照看，注意宝宝安全。不将棉棒放嘴巴里。

19—24 个月　认知和表现　会跳舞的牛奶画

瓶盖对应

游戏价值：

通过探索瓶口、瓶盖的大小，尝试配对，提升宝宝对空间的认知。

游戏玩法：

1. 提供各种材质、大小不同的带盖瓶子、罐子，宝宝自主逐一拧开瓶盖，再逐一寻找匹配的瓶盖尝试拧紧瓶盖。

2. 可适当在瓶子里放入小铃铛或小物件，引发宝宝在寻找过程中进行双手互动拧瓶盖。

游戏延伸：

1. 日常生活中还可以让宝宝配对找袜子、鞋子等。

2. 家长在陪伴宝宝时，给宝宝试错的机会，当宝宝正确配对后及时鼓励。

19—24 个月　认知和表现　瓶盖对应

生活中的乐器

适合月龄：19—24 个月

游戏价值：

通过敲击不同材质的容器，倾听和辨别所发声音音质效果的不同，提升宝宝的倾听和辨音能力。

游戏玩法：

1. 家长可以先演示，引导宝宝倾听不同容器的敲击声，接着就放手由宝宝去探索。

2. 家长可以引导宝宝先轻轻敲，再使劲敲。速度可以时快时慢，体会节奏的快慢变化。

游戏延伸：

1. 宝宝还小，家长不要期望宝宝的操作都是精准无误的。

2. 可以随着节奏摇摆身体、跺脚、拍手或摇头，告诉宝宝可以用多种方式来表现旋律。

19—24 个月　认知和表现　生活中的乐器

找 位 置

适合月龄：19—24个月

游戏价值：

通过找物品轮廓的游戏，感受空间的大小、形状的不同，提升宝宝的独立配对能力。

游戏玩法：

1. 宝宝依次取出勺、叉子等，再根据图形对应放在位置上，先取的先放。鼓励宝宝听名词，指认形状和颜色，宝宝正确指认后，夸奖并鼓励他反复指认。

2. 让宝宝听名词找出图形，家长用语言引导宝宝观察图形的轮廓，并放在相应的位置上。

游戏延伸：

1. 日常生活中家长还可以提供夹子、镊子等来夹东西，操作中宝宝用二指或三指捏取材料并需对应形状和大小，注意鼓励以及适时引导观察和帮助。

2. 家庭生活中可以把玩具和摆放的位置贴上对应的图片，让宝宝将玩具收放归位。宝宝在寻找的过程去感受物体的大小和形状的对应。

19—24个月　认知和表现　找位置

122

变 色 水

适合月龄：19—24 个月

游戏价值：

通过摇晃、滚动、推倒等动作，引发瓶子的状态变化，并观察、体验瓶中水的颜色变化，提升宝宝的观察力和对不同颜色的感知力。

游戏玩法：

1. 提供不同颜色的颜料，如红色、黄色、蓝色等；带盖的透明的塑料瓶。将瓶子装三分之二的清水，瓶盖里放入几滴浓稠的颜料，盖好瓶盖，让宝宝自己挑选和游戏。宝宝拿起一瓶透明的水，结合音乐做滚动、推倒、摇晃等游戏，观察瓶中水的颜色变化，再次尝试将其他透明的水变化颜色。

2. 家长协助在透明的塑料瓶的瓶盖上放不同颜色的颜料，盖好瓶盖，跟着音乐，手拿透明的塑料瓶与宝宝玩游戏，引导宝宝观察水的颜色变化。

游戏延伸：

1. 和宝宝一起自制不同颜色的颜色水，指认并说出不同颜色的名称。还可以在生活中通过欣赏彩色书籍以及不同颜色的叶子、石头、布艺等感知颜色的不同。

2. 支持宝宝对容器和颜色的好奇和探索行为，宝宝可以随意做动作，也可以尝试不同颜色水的混合，并观察颜色的变化。

19—24个月　认知和表现　变色水

蔬菜印画

适合月龄：19—24个月

游戏价值：

通过按压、涂抹等动作，锻炼宝宝手指手腕的控制能力以及手臂力度的把控，并通过观赏、比较，感受图案的精美，提升初步的审美能力。

游戏玩法：

1. 宝宝尝试用胡萝卜、芹菜、秋葵、香菇等蔬菜蘸取颜料，在白纸上按压、涂抹，然后观赏图案，尝试蘸取不同颜色的颜料，或用不同的力度操作后，比较图案的差别。

2. 家长帮助宝宝稳定纸张，确保颜料的浓稠度适中，帮助宝宝调整按压、涂抹的方向和力度，和宝宝一起欣赏留在纸上的精美图案，并引导宝宝观察和比较不同蔬菜按压面的形状和印画出的图案的差别。

游戏延伸：

1. 提供生活中不同的水果横截面、纵截面或笔盖，如苹果、杨桃、石榴等横截面，请宝宝蘸颜料在纸上按压。

2. 家长接纳宝宝对工具、颜料等的探索行为，以及出现的涂抹、拍打等动作。以趣味的形式与宝宝一起游戏，如用"小星星藏起来了"提示宝宝按压的方向和力度不够，用"我们用力压住，数1、2、3，把小星星变出来吧!"提示宝宝用力按压并保持一段时间能够获得完整而清晰的图案。

19—24个月　认知和表现　蔬菜印画

撕一撕、贴一贴

适合月龄：19—24 个月

游戏价值：

通过双手配合做撕和贴的动作，锻炼手部控制的能力，并体验装饰的乐趣。

游戏玩法：

1. 宝宝先用双手并排捏住纸的边缘，一前一后地做"撕"的动作，练习撕细长条形的纸条，然后将画有狮子头像的纸盘涂抹固体胶，再将撕好的纸条贴在纸盘边缘，装饰成小狮子的鬃毛。

2. 家长观察宝宝的手势，可适当帮助调整宝宝双手捏纸的距离，以及皱纹纸的方向，提醒宝宝控制双手的方向和力度，慢慢地撕成长条。

游戏延伸：

1. 提供生活中的不同纸张，如包装纸、牛皮纸、宣传单、纸巾等让宝宝尝试撕，再提供胶棒或胶水，鼓励宝宝在纸盘、纸箱、纸筒等上面进行粘贴。

2. 支持宝宝多感官感知纸的特性，并产生玩纸的行为，如抓、捏、扯、扔等。鼓励宝宝自由撕贴，还可以结合宝宝喜欢的可爱形象，玩帮娃娃穿衣服的装饰游戏。

19—24 个月　认知和表现　撕一撕、贴一贴

套　杯

适合月龄：19—24个月

游戏价值：

通过观察、判断，辨认套杯立体空间的大小，尝试套叠、开合等动作，进一步体验空间变化的乐趣，提升宝宝的空间认知能力。

游戏玩法：

1. 宝宝观察套在一起的各种杯子、盖子，动手摆弄，再次尝试套叠，反复纠错，直至全部套叠在一起。

2. 家长先让宝宝自己探索，观察宝宝的操作情况，适时用语言引导宝宝发现杯子的大和小，鼓励宝宝大胆尝试对比和套叠，对于宝宝完成的每一步给予积极的肯定和鼓励，初期对宝宝操作的形式不拘，有一定经验后可以鼓励宝宝尝试一一对应，挑战更高的难度和锻炼专注力的持久性。

游戏延伸：

1. 提供生活中大小不一样的罐子、纸盒或袋子，与宝宝玩藏小玩具或小食物的游戏。还可以请宝宝通过摸、捏、摇、闻等感官探索里面的物品，然后请宝宝自己尝试打开验证，也可以请宝宝一层层藏好物品，家长来揭秘。

2. 宝宝对各种不同形态的空间充满了兴趣，总喜欢在反复操作探索过程中发现空间的变化。

19—24个月　认知和表现　套杯

响　瓶

适合月龄：19—24 个月

游戏价值：

通过用不同的手势摇晃响瓶，感知不同的声响和音质，进一步配合音乐进行表达和表现，提升宝宝自制乐器和参与律动的积极性。

游戏玩法：

1. 宝宝将不同材质的小物品放入瓶中，盖好瓶盖，摇晃瓶身倾听发出的声音，结合音乐手拿响瓶做律动。

2. 家长协助宝宝制作响瓶，播放适宜的音乐，跟着音乐手拿响瓶做全身的动作，引发宝宝的模仿。

游戏延伸：

1. 提供不同材质的小物品，如小石子、豆子、米粒、铃铛、水等；不同材质带盖的瓶子，如塑料瓶、金属瓶、玻璃瓶等。鼓励宝宝制作不同的响瓶，支持宝宝对容器和材料的探索。

2. 重复播放节奏感强，速度慢的律动音乐，宝宝刚听到音乐可能只是安静地聆听，家长可慢动作示范手拿响瓶跟着音乐做肢体动作，慢慢地吸引宝宝参与进来。

3. 家长注意不让宝宝将小物品塞入口、鼻、耳。

19—24个月　认知和表现　响瓶

小汽车滚画

适合月龄：19—24个月

游戏价值：

通过反复操作推拉小汽车的动作，锻炼宝宝手臂、手腕的控制能力，初步体验使用工具作画的乐趣。

游戏玩法：

1. 家长帮助宝宝固定大张的画纸，确保颜料浓稠度适中，鼓励宝宝在纸上大幅度地滚动蘸有颜料的小汽车，在白纸上留下图案。

2. 宝宝尝试再次蘸取颜料，将小汽车放在颜料盘里滚动，然后再在白纸上滚画图案，尝试蘸不同颜色的颜料和调整小汽车的开动方向进行滚画练习。

3. 家长和宝宝一起欣赏留在纸上的精美图案，并引导宝宝观察和比较滚画工具上的图案和纸上的图案。

游戏延伸：

1. 提供生活中不同的可滚动的物品，如小球、鸡蛋、矿泉水瓶、卷纸筒等，涂上颜料，请宝宝在纸上滚动留下痕迹。

2. 家长接纳宝宝对工具、颜料等材料的探索，以及出现自由涂抹拍打等表达行为。以趣味的形式与宝宝一起游戏，如互动开不同轮子的小汽车，尝试滚画出更多不同图案等。

19—24个月　认知和表现　小汽车滚画

浴室涂鸦

适合月龄：19—24 个月

游戏价值：

通过用手触碰颜料，自由地涂鸦、创作，体验自主表达、表现的乐趣。

游戏玩法：

1. 宝宝在浴室淋浴房玻璃门上、墙壁上徒手或使用画笔工具，自由挥动手臂和手腕留下颜料痕迹，停下观赏画面，尝试擦除或重复涂鸦。

2. 家长协助宝宝准备涂鸦的颜料、工具、抹布等，与宝宝尝试按压、涂抹等动作，帮助宝宝理解由动作而产生画面的关系，一起欣赏画面的颜色和线条。

游戏延伸：

1. 提供干净的桌面铺好大张的画纸、各种画笔如油画棒、水彩笔、涂鸦笔等，以及无毒可水洗颜料，鼓励宝宝自由涂鸦。

2. 家长支持宝宝对工具、颜料等的探索行为，鼓励宝宝自由创作，大胆表达表现。不给宝宝示范具体的形象，可以模仿宝宝画重复的线条和曼陀罗式的圈。适当夸赞宝宝的画作，增强宝宝的自信心。

19—24 个月　认知和表现　浴室涂鸦

社会和情感

适合月龄：19—24个月

游戏价值：

通过创设"过生日"的情境，体验与他人交往、互动交流的乐趣。

游戏玩法：

1. 邀请同伴参加生日会，会说"谢谢，生日快乐"，一起唱生日歌。

2. 家长在旁边观察宝宝是否会与同伴互动、交流、分享。当宝宝不愿意时家长可以语言引导宝宝，比如"请你吃，谢谢"。

游戏延伸：

1. 家长在生活中可以带着宝宝给不同长辈、朋友打电话，表达关心。

2. 可以让宝宝参与到日常生活中，比如让宝宝帮忙择菜、切豆腐、打鸡蛋等等，宝宝在互动参与中模仿成人的日常生活。

19—24个月　社会和情感　过生日

130

交 朋 友

适合月龄：19—24个月

游戏价值：

通过玩角色扮演的游戏，提升宝宝语言表达及交往的能力。

游戏玩法：

1. 引导宝宝如何跟别人有礼貌地打招呼问好。可以玩"动物打招呼"游戏，家长模仿各种动物宝宝的声音和样子，引导宝宝学习打招呼。

2. 家长可以和宝宝互动和模仿交往场景，结合多种场合进行。如与身边的家人、绘本中的人、动物，或者与身边的生活物品、玩具用拟人的方式进行互动。

游戏延伸：

1. 带着宝宝多去公园或者参加聚会活动，多和同龄宝宝交往。

2. 1.5—2岁宝宝，其认知特点是"自我中心"，这种认知反映在交往活动中，主要表现为"以我为主"，如：自己的东西不肯分享，看到别人的玩具，直接上手抢走。因此，家长在引导的过程中要用循循善诱的方法，帮助宝宝提高认知能力，学会与同伴交往。

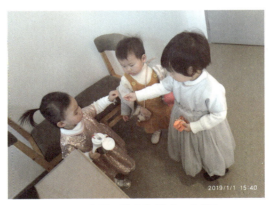

2019/1/1 15:40

19—24个月　社会和情感　交朋友

生活和体验

拉 拉 链

适合月龄：19—24 个月

游戏价值：

通过日常练习拉拉链的动作，提升双手互动的能力，进一步理解分、合的因果关系。

游戏玩法：

1. 宝宝自己动手尝试拉上衣服上的拉链，一手捏住拉链底部，一手拉拉链头；再尝试拉合拉链、拉开拉链。

2. 家长先让宝宝自己探索，观察宝宝的操作情况，适时用语言引导宝宝将拉链一一对应，鼓励宝宝大胆尝试操作，也可以与宝宝合作，逐步分解动作。对于宝宝完成的每一步给予积极的肯定和鼓励，可以从拉开拉链开始。

游戏延伸：

1. 提供生活中不同的衣服，让宝宝练习穿、脱衣服。还可以请宝宝帮助家人或布娃娃拉拉链。

2. 宝宝对带拉链的衣服感兴趣，通过反复操作明白开合的关系，家长鼓励宝宝通过自我服务提升自信心。

19—24 个月　生活和体验　拉拉链

仿真小厨房

适合月龄：19—24 个月

游戏价值：

通过模拟日常生活中经常出现的切、搅拌、舀、倒等动作，促进双手的配合能力，体验自我服务的乐趣。

游戏玩法：

1. 宝宝在自制的仿真小厨房里进行生活情景的扮演，将仿真蔬菜切一切、煮一煮，从冰箱里拿出一杯牛奶，倒进杯中。

2. 家长鼓励宝宝独立尝试，观察宝宝的操作情况，适时用语言引导，如提醒宝宝将煮好的胡萝卜装在碗中，将铲子放回架子上等等。当宝宝操作遇到困难时，家长需及时辅助宝宝。

游戏延伸：

1. 提供生活中的塑料刀和豆干、面皮、菜叶、黄瓜条等，请宝宝帮忙切一切；提供鞋盒、纸箱制作的仿真厨房，以及家里旧的碗碟、锅铲等工具让宝宝操作；邀请宝宝参与洗菜、倒水等家务。

2. 宝宝通过操作将日常观察到的成人在厨房操作的情景再现，家长肯定并鼓励宝宝的操作行为，通过反复的练习提升双手配合的能力，并体验到自我服务的乐趣。

19—24 个月　生活和体验　仿真小厨房

取 袜 子

适合月龄：19—24 个月

游戏价值：

通过三指捏住夹子，另一只手做取的动作，促进宝宝双手的配合度，进一步提升自我服务的能力。

游戏玩法：

1. 刚开始游戏时家长可以与宝宝合作，家长捏夹子，宝宝取袜子；宝宝捏夹子，家长取袜子。然后鼓励宝宝独立尝试，观察宝宝的操作情况，适时用语言引导，或动作示范。

2. 宝宝自主操作，一手捏住晾衣绳上的夹子将其打开，一手拉住袜子的一端，取下袜子。

游戏延伸：

1. 提供生活中带夹子的晾衣架，以及不同的小件物品，如袜子、小毛巾、相片、小玩偶等，请宝宝帮忙摘取或尝试晾晒。

19—24 个月　生活和体验　取袜子

2. 宝宝通过摆弄夹子，将小物品悬挂起来，改变了物品的呈现状态，也让自己的视觉有了新的感受。家长肯定并鼓励宝宝的操作行为，通过反复的练习提升宝宝自我服务的能力。

捣 花 生 米

适合月龄：19—24 个月

游戏价值：

通过捣、压方式探索花生米的变化，发展宝宝丰富的感知觉体验，提升双手互动合作的能力。

游戏玩法：

1. 家长先观察宝宝是否可以自己操作，如果可以就支持他们自己尝试。如果不能，先引导宝宝观察工具及容器中的物品，引导宝宝小心捣棒不敲到手，动作力度不易过大，手不将捣棒抬得高于容器口。

19—24个月　生活和体验　捣花生米

2. 家长引导宝宝动作慢一点，眼睛看准容器中的花生，反复耐心操作建立经验。

游戏延伸：

1. 宝宝初期操作时会因为手腕力量及协调性，以及对空间距离判断经验的不足，不能准确地捣到容器中的物品，而且会发生捣棒敲到容器引起翻倒的情况，这时候都需要家长的积极鼓励和支持，但家长不急于示范或者强调方法。

2. 可以用语言仔细描述方法，帮助宝宝调整或者拿同样材料一起玩的过程，引发宝宝自然模仿。

倒 小 米

适合月龄：19—24个月

游戏价值：

通过倒小米的过程，促进宝宝双手互动能力的提高，同时丰富各种感知觉体验。

游戏玩法：

1. 家长先观察并支持宝宝自由操作，着重观察宝宝倒的方法。初期操作时宝宝可能会因为对空间判断经验的不足，将小米全倒撒在容器外，这是很正常的，告诉宝宝没关系，把容器放低一点，两个容器靠近一些，口对口倒，倒的速度缓慢些试试看。

2. 全程均不着急评价，给予宝宝反复操作的机会并鼓励他们。

游戏延伸：

1. 家庭中厨房里的瓶瓶罐罐、大米、小米各种豆类等都是宝宝特别喜欢探索的物品，家长不妨将各种合适的容器及物品拿到安全的区域，让宝宝在"倒"来"倒"去的过程中，丰富各种感官经验以及帮助宝宝提升手眼协调和双手互动能力。

2. 日常生活游戏满足了宝宝的探索需求,又避免了宝宝不断入厨房的不安全性。

19—24 个月　生活和体验　倒小米

切 豆 干

适合月龄:19—24 个月

游戏价值:

通过用玩具刀切物品的过程,提高宝宝双手配合能力。体验自我服务与帮助他人的快乐。

游戏玩法:

1. 观察宝宝切的动作,家长适时用语言引导宝宝调整"切"的动作,刀口朝下,垂直切断,鼓励宝宝反复尝试操作。

2. 家长可以逐渐提供完整的豆干或豆腐鼓励宝宝尝试挑战,更协调地将它们切小、切断。

游戏延伸:

1. 日常生活中可以提供更多比较容易切的食物,如:香蕉、面团、水饺皮、黄瓜条等,逐渐提升宝宝双手互动切的能力,帮助宝宝建立更多的生活经验。

2. 自我服务是 0—3 岁宝宝需要逐渐习得的,它对培养宝宝的独立性、自信心都很有帮助,在自我服务的基础上发展帮助他人的能力,家长需要做的就是更放手的支持,提供合适的材料与环境。

19—24 个月　生活和体验　切豆干

语言和交流

社区宣传广告栏

适合月龄：19—24个月

游戏价值：

通过观看宣传画，引发与生活经验相关的一些语言模仿和交流，提升宝宝的语言组织能力和表达能力。

游戏玩法：

1. 家长与宝宝一起观赏社区宣传广告栏的宣传画，与宝宝一起讲述画中描绘的人和事，可以将画中的主角换成宝宝或宝宝熟悉的亲人，吸引宝宝的兴趣，并引发宝宝的共鸣。

19—24个月　语言和交流　社区宣传广告栏

2. 宝宝观赏宣传画，用手指点、指认，并模仿家长的话语，与家长进行问答等简单的交流，家长重复宝宝不完整的话语，帮助宝宝将语句补充完整。

游戏延伸：

1. 家长带宝宝出门可以多提醒宝宝关注宣传栏、广告栏、图标、宣传单等等，以宝宝的生活经验和兴趣为基础，与宝宝一起尝试描述、问答等多种互动交流的方式，引发宝宝的语言模仿和交流。

2. 宝宝的语言发展需要一个过程，从说字到说词，再到尝试说简单句、复杂句。当宝宝开始说"电报句"时，家长需要将宝宝的话语耐心地复述并补充完整，帮助宝宝逐渐掌握句式、语法。

生活情景照片

适合月龄：19—24个月

游戏价值：

通过翻看生活情景照片，引发亲子间的语言交流，提升宝宝组织和表达简单句式的能力。

游戏玩法：

1. 宝宝翻阅生活情景的照片，用手指点、指认，并与成人进行描述、问答、复述等交流对话。

2. 家长与宝宝一起观察照片，与宝宝一起讲述熟悉的生活情景内容，引发宝宝表达，帮助宝宝补充完整语句。

游戏延伸：

1. 以宝宝的生活经验和兴趣为基础，提供生活中的情景照片或视频。与宝宝一起尝试描述、回忆、问答等多种互动交流的方式，引发宝宝的语言模仿和表达。

2. 宝宝的语言爆发期即将到来，开始说简单句，但是有些复杂的句子只会用单词或电报句表达。家长需要将宝宝的话语耐心地复述并补充完整，以不同的趣味形式与宝宝交流并适当重复，帮助宝宝逐渐掌握句式、语法。

19—24个月　语言和交流　生活情景照片

小 摆 件

适合月龄：19—24个月

游戏价值：

通过亲子间的互动游戏，让宝宝体会趣味交流的乐趣，提高宝宝用语言对话交流的能力。

游戏玩法：

1. 家长操作小摆件吸引宝宝的关注，扮演小摆件的角色，给小摆件配音吸引宝宝，与宝宝产生对话、动作等互动，鼓励宝宝自己操作小摆件。

2. 宝宝听小摆件介绍自己，对小摆件产生兴趣，与小摆件打招呼，专注地听小摆件讲故事，与小摆件对话交流，并逐渐尝试自己操作、摆弄小摆件扮演不同的角色。

游戏延伸：

1. 提供生活中的不同材质的小摆件、玩偶、指偶等，或自己制作可爱的形象，与宝宝一起讲故事、互动交流等，引发宝宝的模仿和表达。

2. 家长利用小摆件与宝宝玩角色扮演、趣味对话，巧妙引导宝宝交流表达，支持宝宝多次扮演，与宝宝在愉悦的氛围中进行练习，促进宝宝的语言对话能力。

19—24个月　语言和交流　小摆件

美丽的植物

适合月龄：19—24 个月

游戏价值：

引导宝宝发现植物的颜色、根茎、叶脉等不同形态特征，在亲子互动交流过程中丰富宝宝的词汇和语言。

游戏玩法：

1. 家长充分支持宝宝自由调动视觉、触觉、嗅觉等多感官体验与互动，在摸一摸、闻一闻、看一看的过程中用语言或情感自由表达自己的感受。

2. 家长帮助宝宝给植物及其部位正确命名，并激发宝宝用语言表达感受，或家长用丰富的词汇描述，鼓励宝宝模仿表达。

游戏延伸：

1. 各种植物都有自己神奇的魅力，家长们可以多带宝宝到自然环境中、小区中，引导宝宝观察并交流描述各种不同植物的外观、纹理、形态、气味、色彩等不同特征，丰富语言输入与输出。

2. 可以邀请宝宝一起种植，共同观察表述植物生长、变化的过程。

19—24 个月　语言和交流　美丽的植物

有趣的动物

适合月龄：19—24个月

19—24个月　语言和交流　有趣的动物

游戏价值：

宝宝通过对各种不同动物的观察、发现、命名、交流、描述的过程，丰富宝宝对名词、形容词的感知与词汇输入。

游戏玩法：

1. 为宝宝提供各种动物图片，充分支持宝宝调动多感官自由观察、摆弄、探索。

2. 用互动式的游戏口吻一起交流各自的不同体验和感受，不建议总用提问式要求宝宝回答，以免打断宝宝的专注观察体验，失去探索的兴趣。

游戏延伸：

1. 家长可鼓励宝宝将家庭中不同的动物布绒或模型或玩具一起进行观察，可以逐一比较大小，也可以玩接龙排队游戏。

2. 家长也可以带领宝宝一同参观动物园等形式，实际体验、观察与交流，调动宝宝的思维和经验，建立丰富的认知，同时激发宝宝语言输出。

本章参与编写教师：
卓建芳、陈小菁、沈九凤、王可鑫、谢玫瑰

25—30 个 月

婴幼儿日常教养环境创设与指导

一、25—30个月婴幼儿日常教养环境创设建议（手绘图）

25—30个月　起居环境平面图

25—30个月　卫生间平面图

二、25—30个月婴幼儿心理环境创设指导

（一）婴幼儿心理发展主要特点

这个阶段的宝宝自我意识迅速发展，开始进入了心理上的"第一反抗期"。宝宝会很不听话，"不好""不要"等变成了他们的口头禅，还老是和家长对着干。这阶段的宝宝只是不能控制自己对"权威"意见的反抗，但绝对不是恶意的。宝宝的逆反行为，你不可能完全纠正，它是孩子心理发展过程中的一个必经阶段，但可以努力使它过渡得快些、平稳些、矛盾少些。

（二）婴幼儿游戏家长支持要点

1. 经常带领宝宝做"认识自己"的游戏。家长在与宝宝游戏的过程中，帮助宝宝了解自己的身体。

2. 2—3岁时，宝宝自我意识开始萌发，既不要一味表扬，也不能凡事批评，应具体指出哪里做得好或不好以及为什么，而不能用"你真笨""真不听话"一概而论。

3. 通过协商、说理等方式帮助宝宝建立自我肯定的感情。

4. 有意识地给宝宝创造一些与同伴交往的机会，如与邻里、亲友的同龄孩子定期活动，满足宝宝交往的需求。

三、25—30个月婴幼儿家庭环境创设指导

游戏区

1. 玩具柜

规格建议：约长 70 cm×宽 29 cm×高 80 cm。

材料建议：可提供 4—6 种，串珠、夹豆等材料。

操作建议：尽量做到分类收纳，定期进行更换。

25—30 个月家庭环境　游戏区 1

2. 儿童桌椅

规格建议：桌子约长 70 cm×宽 70 cm×高 45 cm。

　　　　　　椅子约宽 29 cm×高 24 cm。

材料建议：选择的桌椅应边角圆滑，安全稳定。

操作建议：小桌子除了作为游戏桌，还可以铺上白板纸，作为宝宝的涂鸦桌。

25—30 个月家庭环境　游戏区 2

3. 托盘

规格建议：约长 32 cm×宽 25 cm。

材料建议：可提供 6 个托盘。

操作建议：游戏时陪伴宝宝双手取放托盘。

25—30 个月家庭环境　游戏区 3

阅读区

1. 书架

规格建议：约长 78 cm×宽 28 cm×高 60 cm。

材料建议：提供 3 层书架，摆放 7—8 本绘本。

操作建议：鼓励宝宝自己取放绘本。

2. 阅读桌椅

规格建议：桌子约长 70 cm×宽 70 cm×高 45 cm。

　　　　　　椅子约宽 29 cm×高 24 cm。

材料建议：提供适合宝宝身高的桌椅。

操作建议：鼓励宝宝自己翻阅绘本。

25—30 个月家庭环境　阅读区 1

3. 阅读物

规格建议：每本绘本不超过 20 页。

材料建议：增加童谣类、科普类、简短故事类等绘本，并根据宝宝的需求更换。

操作建议：在亲子阅读时与宝宝适时互动，语言可采用问答式、复述式等。

25—30 个月家庭环境　阅读区 2

涂鸦区

1. 涂鸦墙

规格建议：约长 100 cm×高 60 cm。

材料建议：浴室玻璃门或阳台瓷砖等。

操作建议：家长可以选择在宝宝洗澡前进行适当的涂鸦活动，鼓励宝宝自由选择合适的场地进行涂鸦，提前做好防滑准备。

25—30个月家庭环境　涂鸦区 1

25—30个月家庭环境　涂鸦区 2

2. 涂鸦工具

规格建议：拓印工具：约宽 10 cm×长 13 cm。

材料建议：提供无毒可水洗的颜料（数量 3 种左右）；宝宝涂鸦罩衣。

操作建议：鼓励宝宝自由选择工具及颜料进行涂鸦，并整理归纳。

25—30个月家庭环境　涂鸦区 3

25—30个月家庭环境　涂鸦区 4

进餐区

1. 备餐台

规格建议：备餐台约长 80 cm×宽 40 cm×高 50 cm。

材料建议：提供碗、勺、夹子、大碗菜等。

操作建议：鼓励宝宝帮忙布置进餐环境,按家庭人数有序摆放餐具。

25—30 个月家庭环境 进餐区 1

2. 餐椅

规格建议：宽约 40 cm×总高 80—86 cm(桌、椅组合)。

材料建议：选择多功能的儿童餐椅。

操作建议：鼓励宝宝自己爬楼梯上下餐椅,成人做好必要的辅助,培养宝宝独立、有序进餐的习惯。

25—30 个月家庭环境　进餐区 2

家务区

1. 置物架

规格建议：长 83 cm×宽 60 cm×高 90 cm。

材料建议：置物架可以延用小月龄的尿布台，在上方放置一些小抹布、小喷壶、儿童扫帚等做家务会用到的物品。

操作建议：架子四周的棱角、尖角可以贴上防撞条与防撞角，以防宝宝受伤。

25—30 个月家庭环境　家务区 1

2. 家务工具

规格建议：小抹布：约长 16 cm×宽 16 cm。

儿童扫帚：约长 52 cm×宽 16 cm。

小喷壶：约长 15 cm×宽 6 cm。

材料建议：提供喷壶、小抹布、儿童扫帚等适合宝宝抓握的工具，以便宝宝操作。

操作建议：宝宝在家长的陪伴下可以进行一些简单的家务劳动，并能将物品归位。

25—30 个月家庭环境　家务区 2　　25—30 个月家庭环境　家务区 3　　25—30 个月家庭环境　家务区 4

换鞋区

换鞋凳

规格建议：约长 35 cm×宽 23 cm×高 45 cm。

材料建议：选择木质材料的换鞋凳。

操作建议：宝宝能在家长的陪同下穿脱鞋子并能有序摆放。

25—30 个月家庭环境　换鞋区

盥洗区

1. 洗漱用品

规格建议：

牙膏：约长 15 cm×宽 9 cm×高 6 cm。

牙刷：约高 11.5 cm×宽 5 cm。

牙杯：约高 9.5 cm×宽 8.5 cm。

毛巾：约长 30 cm×宽 30 cm。

材料建议：儿童牙刷（软毛）、牙膏（无含氟）、小毛巾、水杯等。

操作建议：在家长的陪同下宝宝能独立完成洗漱。

25—30个月家庭环境　盥洗区 1

2. 垫椅

规格建议：约长 31 cm×宽 23 cm×高 16 cm。

材料建议：首选无棱角、防滑，安全稳固的。

操作建议：在家长的陪伴下自如上下垫椅洗手洗脸。

25—30个月家庭环境　盥洗区 3

3. 儿童马桶

规格建议：约长 40 cm×宽 27 cm×高 37 cm。

材料建议：楼梯式儿童马桶放置在成人马桶上。

操作建议：在家长的帮助下独立如厕。

休息区

衣柜

规格建议：高 120 cm×长 120 cm×宽 40 cm。

材料建议：提供衣架、收纳筐、抽屉。

操作建议：尽量做到分类收纳，如能将自己小袜子配对放整齐，自主选择衣物。

25—30 个月家庭环境　休息区

四、25—30个月婴幼儿日常教养材料提供建议

25—30个月的婴幼儿大脑和身体的发育都是十分显著的,家长在家可以提供更多的机会促进宝宝各方面能力的发展,这个阶段的宝宝在大运动中一般不需要扶持,可以独自上下楼梯,可以很好地完成双脚跳的动作,如:小脚跳一跳、小兔蹦蹦跳等。在日常生活中婴幼儿强烈地表现出想动手做事的时候,家长应当尊重婴幼儿的心理提供合适的材料,如:穿珠子、剥豆子、解扣纽扣等,进行简单的自我服务。同时,婴幼儿词汇量增大,言语表运能力增强,自主活动意识提高,可以通过阅读认知类或生活类图书帮助婴幼儿更好地处理生活任务和建立秩序感。

25—30个月月龄的孩子可通过以下游戏来提高婴幼儿各方面的能力,主要包括"感知和运动""认知和表现""社会和情感""生活和体验""语言和交流"五个领域的日常小游戏,具体如下:

感知和运动

小 鸡 下 蛋

适合月龄：25—30个月

游戏价值：

通过双脚跳跃和髋关节扭动等动作促进宝宝大运动能力的发展，提高宝宝认知能力与体验游戏的乐趣。

游戏玩法：

1. 将装有6—8个报纸球的盒子绑在宝宝和家长的身上，游戏开始时，家长和宝宝一起用跳一跳、扭一扭等方式让小球从箱子里掉落下来。

2. 活动过程中宝宝可能会出现单脚跳、用手抠等方式让球掉落，家长需要支持宝宝各种探索行为，同时也要根据游戏情况调整活动的时间，反复进行游戏。

25—30个月　感知和运动　小鸡下蛋

游戏延伸：

1. 在经历了走和跑的阶段后，就可以锻炼宝宝双脚跳了，相比前期的那些技能，这项技能略有难度，因此家长在生活中可以让宝宝模仿小动物跳，比如青蛙、小白兔等，这样更能激发宝宝尝试双脚跳这个动作。

2. 当宝宝双脚离地跳跳得比较稳定后就可以有意识地选择最矮的那层台阶让宝宝尝试往下跳。宝宝跳时家长避免选择坚硬的地面，成人应在场多加保护。给宝宝示范正确的跳跃姿势：双脚并拢屈膝轻轻地跳起，脚尖先着地，两臂自然摆动。

追逐打箱子

适合月龄：25—30个月

游戏价值：

通过拖拉箱子走、倒走、跑等动作，提升宝宝跑的能力和反应的灵敏性，增强宝宝自我保护意识。

游戏玩法：

1. 提供不同大小的箱子和报纸棒，家长拉箱子宝宝追逐打箱子，根据宝宝追的情况及时调整跑的速度，有意识地让宝宝打到箱子而获得成功感。

2. 根据宝宝的游戏情况进行角色互换，在宝宝拖物跑的过程中，家长根据宝宝跑的速度变化速度，并控制一定的运动量。游戏反复进行。

25—30个月　感知和运动　追逐打箱子

游戏延伸：

1. 此月龄的宝宝已经能自如地奔跑，但长距离的奔跑中可能会出现摔跤和不稳的状况。在游戏中家长要根据宝宝的动作调节控制好游戏的节奏，以达到练习追逐的目的。

2. 这个阶段的宝宝身体发育和动作发展很快，可以多带宝宝参加户外活动，给予宝宝足够的空间去跑、去玩耍，锻炼宝宝身体的运动协调能力。

镊子夹花生米

适合月龄：25—30个月

游戏价值：

通过三指拿镊子，将花生米夹起放入容器里，提高宝宝手眼协调能力和手腕的控制力。

游戏玩法：

1. 宝宝三指拿镊子，将夹子开口对准一粒花生米，三指捏紧镊子，夹起花生米，放入另一容器内。

2. 宝宝可能会出现直接用三指拿花生米放入容器里，可能会将整花生米倒入容器里，也会使用镊子夹花生米，都是允许的，过程中花生米有掉落的，家长及时鼓励宝宝捡起，继续操作探索。

25—30个月　感知和运动　镊子夹花生米

游戏延伸：

1. 家庭里可提供短柄的小镊子、莲子、皇帝豆、蚕豆、毛绒球让宝宝进行夹的练习。

2. 宝宝会熟练使用短柄的镊子后再提供长柄的镊子、花生米、字母面、通心粉等让宝宝进行夹，提高宝宝手腕的控制力。

插 柚 子 皮

适合月龄：25—30 个月

游戏价值：

通过三指拿牙签插入柚子皮上，提高宝宝双手配合能力。

游戏玩法：

1. 根据季节，家长选取一半柚子皮让宝宝操作，家长把牙签的一端剪平，留一端尖头。宝宝双手配合，一手扶住柚子皮，另一手拿牙签将牙签的尖端插在柚子皮上。

2. 家长可以给柚子皮画上眼睛、嘴巴，在柚子皮身上插上牙签变成刺猬，激发宝宝操作的兴趣。

3. 完成作品后，家长在刺猬的嘴巴下方穿一条线，让宝宝进行拖拉。

25—30 个月　感知和运动　插柚子皮

159

游戏延伸：

1. 家长可以将牙签一端用超轻黏土或是毛绒球固定变成五彩棒，增加美感，激发宝宝操作的兴趣。

2. 引导宝宝在柚子皮上涂鸦、贴画，提供创作的机会。

3. 家长可提供完整的橙子皮、短的牙签棒让宝宝插，制作成小乌龟、娃娃，发挥宝宝的想象力。

穿 吸 管

适合月龄：25—30个月

游戏价值：

通过双手配合将绳子穿进不同粗细、长短的吸管，提升宝宝手眼协调及双手配合的能力。

游戏玩法：

1. 宝宝左手拿起绳子一端，右手拿吸管，将绳子对准孔眼穿过去。左手食指、拇指捏住吸管，右手拉住绳尖将绳子拉出来。再用右手拿吸管，从左到右，一根一根将绳子穿过去。

2. 宝宝在穿的过程中可能会有穿的动作，但另一只手不会配合拉，家长这时可适当引导宝宝做拉的动作。或家长和宝宝一起穿，宝宝可模仿大人的动作。穿好的吸管可把它变成一条项链。

25—30个月　感知和运动　穿吸管

游戏延伸：

1. 家庭里给宝宝准备串珠，对于还不熟练穿的动作的宝宝可提供大孔、硬绳让宝宝进行穿，降低难度让宝宝体验成功。

2. 宝宝对穿的动作很熟练，家长可提供细绳、小孔的珠子让宝宝练习，提升难度，锻炼手指灵活性。

钓　　鱼

适合月龄：25—30 个月

游戏价值：

通过玩鱼竿钓鱼的游戏，提高宝宝专注力及手眼协调能力。

游戏玩法：

1. 宝宝先尝试用带磁铁的鱼竿对准小鱼嘴巴上装置的回形针将鱼钓起，放入鱼筐内。

2. 宝宝动作熟练后可以拿带钩子的钓鱼竿，用鱼竿钩子钩起鱼嘴巴的回形针，将鱼钓起放在鱼筐里。

25—30 个月　感知和运动　钓鱼

3. 如果宝宝鱼竿无法对准鱼嘴,家长可适当调整难度,将鱼竿的线调短些,或是调整回形针的位置,便于宝宝成功钓起。

游戏延伸:

1. 家长也可用筷子、磁铁做一个钓鱼竿,准备一些带铁的材料,如冰箱贴、小铃铛、勺子、钥匙等,让宝宝用磁铁去吸铁性材料,获得成功。

2. 宝宝通过图书、卡片、绘本等认识各种海洋类动物的形状、颜色名称,提高宝宝的辨识能力。

叠 叠 乐

适合月龄:25—30 个月

游戏价值:

通过亲子互动玩叠纸杯游戏,锻炼腿部力量,提高宝宝身体协调性。

25—30 个月　感知和运动　叠叠乐

游戏玩法:

1. 在地面上排两排一次性纸杯,一排 5 个左右,在终点放一个玩具。游戏开始,家长和宝宝从起点出发开始叠杯子,依次叠完,谁先把杯子叠完取到玩具,谁就胜利。

2. 宝宝可能叠杯子速度比较慢,家长可以适当放慢速度,让宝宝体验成功。

游戏延伸:

1. 在家里也可将小玩具或是纸球排成两排,家长和宝宝拿着小筐从起点开始捡玩具,看谁先捡完到达终点拿到礼物。弯腰捡物可以锻炼宝宝身体的协调性。

2. 家长和宝宝游戏时先观察宝宝的情况,可以用语言鼓励宝宝,提高宝宝参与的积极性。

扔 球 入 筐

适合月龄：25—30个月

游戏价值：

通过扔、投方式玩球，提高宝宝手臂力量及目测能力。

游戏玩法：

1. 宝宝站在离筐子一定距离的位置，拿起球将手臂举起从头部上方用上臂的力量将球扔到筐子里。投掷过程中如果宝宝往下丢或是扔到筐子外也没有关系，家长可以用正确的动作引导宝宝。

2. 家长和宝宝一起玩，家长扔一次宝宝扔一次，或家长和宝宝站在同一起点，看看谁扔得远，适时鼓励宝宝，让宝宝体验成功。

游戏延伸：

1. 家庭里可以提供小筐、塑料小球、报纸球等供宝宝玩投球的游戏，刚开始玩时，站的位置和小筐的位置不宜太远，让宝宝探索投掷的方法，体验成功。宝宝会用上臂力量投掷了，再适当拉开距离，让宝宝再进行挑战。

2. 家长和宝宝玩"你投我接"的游戏，家长拿小筐，宝宝投掷小球到小筐内，家长适时用语言鼓励宝宝。

25—30个月　感知和运动　扔球入筐

小鱼游啊游

适合月龄：25—30个月

游戏价值：

通过自如操作磁铁小鱼进行迷宫游戏，提升宝宝的视觉追踪和手眼协调能力。

游戏玩法：

1. 家长在鞋盒盖内用吸管粘几道简单的路线，小鱼上粘上回形针，宝宝在纸盒外操作磁铁带动小鱼游，提升宝宝的视觉追踪。

2. 如果宝宝刚开始不会操作，家长可以先示范给宝宝看，用语言和宝宝说："小鱼游到哪里？"激发宝宝操作的兴趣。

游戏延伸：

1. 家里可提供迷宫的书籍让宝宝进行观察操作，用手或是笔进行迷宫线路规划，提高宝宝的观察力。

2. 家长也可以提供迷宫玩具，进行亲子游戏，让宝宝对事物有新的判断和认识，增进亲子关系。

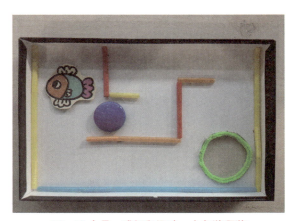

25—30个月　感知和运动　小鱼游啊游

认知和表现

有趣的拓印画

适合月龄：25—30个月

游戏价值：

通过选择不同工具进行拓印，初步感知色彩的变化，提升宝宝对颜色的认知能力。

游戏玩法：

1. 提供不同的工具和颜料，如海绵、牙刷、瓶盖等，让宝宝自由选择工具双手配合进行拓印。

2. 在游戏中家长先观察，根据宝宝的情况给予适当帮助，当宝宝触觉敏感，不愿意用手时，家长用示范或用语言鼓励宝宝进行拓印，不强制要求。

游戏延伸：

1. 这阶段的宝宝对周围环境充满好奇，喜欢探索。家长可利用户外的环境引导宝宝进行拓印游戏；可选择空旷的水泥路、木板或公园一角等，提供不同工具让宝宝用水进行拓印；也可带宝宝到海边湿沙滩用不同工具或用手和脚进行拓印游戏。

2. 家长可以利用家中不同大小的瓶子、瓶盖进行拓印游戏。

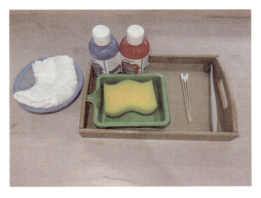 

25—30个月　认知和表现　有趣的拓印画

3. 在游戏时为防止宝宝把衣服弄湿、弄脏，家长可以给宝宝穿上防水反穿衣。为便于活动后的清洁，家长可事先在桌子上铺上报纸，并用胶带固定。在户外时家长要在宝宝身旁，保证宝宝安全。

漂亮的纸箱

适合月龄：25—30个月

游戏价值：

通过涂鸦、粘贴等不同形式，激发宝宝独立进行纸箱装饰，提升宝宝想象力。

游戏玩法：

1. 提供画笔、儿童颜料、贴纸、纸箱（纸箱可以用白纸或彩色纸包起来），家长可以引导宝宝在纸箱上自由装饰。

2. 在活动的过程中，家长先在一旁耐心观察，鼓励宝宝大胆尝试，通过涂鸦、粘贴等不同形式自由创作。也可以与宝宝一起游戏，和宝宝一起把贴纸或报纸杂志上剪下的图片自由地贴在纸箱上。

游戏延伸：

1. 家长可以在家与宝宝一起用涂鸦、绘画、拼贴等不同形式的游戏感受生活中各种美的表现，体验亲子游戏的快乐。如"创意纸箱汽车""DIY花瓶""亲子T恤""亲子布包"等。

2. 这个阶段的宝宝自我表现欲很强，爱模仿爱表现。家长可以让宝宝自由创作，展示自己的作品，增强宝宝的自信心，让宝宝感受与体验亲子创作、想象创作的快乐。

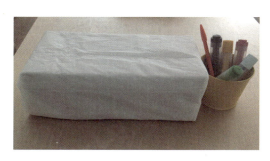

25—30个月　社会和情感　漂亮的纸箱

社会和情感

纸 杯 传 递

适合月龄：25—30个月

游戏价值：

通过用筷子传递纸杯的小游戏，提升宝宝手腕的控制力及合作能力。

游戏玩法：

1. 家长和宝宝人手一根筷子，面对面用筷子传递纸杯。

2. 在传的过程中纸杯的选择可从大到小，慢慢把纸杯口变小，深度变浅增加难度。

3. 家长先在一旁耐心观察宝宝在传的过程中是否会把筷子对准杯口进行传递，等宝宝熟悉游戏规则后再多人传递增加难度。

游戏延伸：

1. 家长可和宝宝一起玩与纸杯相关的亲子游戏，在增进亲子感情的同时提高宝宝的合作能力。如纸杯叠叠乐，游戏玩法：家长和宝宝合作各自捏住筷子的两端，用筷子把相同颜色的纸杯夹起来叠在一起。

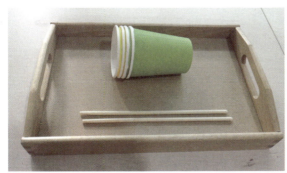 

25—30个月　社会和情感　纸杯传递1

2. 家长可带宝宝到户外与同月龄段的宝宝一起游戏，体验交往的乐趣。在游戏中可引导宝宝尝试合作，从而提高宝宝的社会交往能力。

我是能干的小帮手

游戏价值：

宝宝通过扮演角色做家务，锻炼宝宝自我服务能力，体验劳动的快乐。

游戏玩法：

1. 给宝宝准备围裙、扫帚、拖把、畚斗，宝宝模仿成人在家里打扫卫生的场景。

2. 和同伴一起游戏，扮演不同的角色，或是家长加入一起游戏，适时鼓励宝宝，让宝宝体验为他人服务的乐趣。

游戏延伸：

1. 在家里让宝宝去做力所能及的事情，如择菜、分碗筷、扔垃圾等，让宝宝体验为他人服务的快乐。

2. 家长参与游戏，和宝宝一起折小毛巾、折小衣服、擦桌子等，让宝宝能模仿大人的动作，体验劳动的快乐。

25—30　社会和情感　我是能干的小帮手

纸杯传豆豆

适合月龄：25—30个月

游戏价值：

利用生活中的皇帝豆、米等不同大小物品进行传送，在传送的过程中提升宝宝倒、接的动作及对大小的认知，积累宝宝学会解决问题的能力及与他人合作的意识。

游戏玩法：

1. 每位宝宝及家长人手各拿一个空杯子，然后围成一个圆圈进行传递，在传的过程中先从体积大或量少的物品开始，慢慢提供小或量多的物品增加难度。

2. 家长观察宝宝在倒的过程中会出现什么情况？如：捏着不放；皇帝豆（米、水）洒地上等，接物品的时候会出现什么行为（杯口朝上、朝下等）。

3. 宝宝出现的行为都是对他们能力的反映，因此家长要根据宝宝的情况及时调整材料并耐心等待宝宝各方面的发展。

游戏延伸：

1. 家长在家中可以取宝宝熟悉的物品和宝宝一起玩"传送机""传话"等亲子游戏，可以增进亲子间的情感，同时宝宝的控制能力、语言表达能力也能得到发展。

2. 3岁以前，当宝宝与同龄伙伴一起游戏时，往往是独自游戏和平行游戏。但在亲子游戏中，由于有成人的引导与帮助，宝宝能够很好地承担游戏合作者的角色，因而社会性交往水平高于伙伴游戏中的交往水平。

25—30个月　社会和情感　纸杯传豆豆

按 压 冬 瓜

适合月龄：25—30个月

游戏价值：

通过按压、捅等动作独立完成操作过程,提升宝宝的三指捏及双手配合能力,积累宝宝的生活经验。

游戏玩法：

1. 在切片的冬瓜上让宝宝用瓶子进行按压。

2. 一只手拿着瓶子,另一只手轻轻地交叉叠在上面,双手用力做向下按压的动作。

游戏延伸：

1. 生活中多给宝宝提供机会让宝宝动手参与,如：按压水果、面片、冬瓜、胡萝卜等,但得在成人看护下注意安全。

25—30个月　生活和体验　按压冬瓜

2. 秋天大部分的疾病都是由呼吸道引起的,比如咳嗽、支气管炎等。秋天常喝汤能补肺润气,预防呼吸道疾病,还能提高免疫力。冬瓜含蛋白质、糖类、胡萝卜素,有清热解毒、止咳化痰、开胃等功效。高汤加上按压造型的冬瓜和胡萝卜,再配上菌菇、香葱,一碗五彩缤纷、味道鲜美的五彩冬瓜汤很适合宝宝食用。

剥莲子芯扯银耳

适合月龄：25—30个月

游戏价值：

通过剥、扯等动作完成制作过程，提升宝宝的二指捏、双手配合及手腕的控制能力。

游戏玩法：

1. 剥莲子芯

将泡湿的莲子放在碗中，让宝宝取一粒莲子，双手配合剥开，再取出莲子芯放进盘中。

2. 扯银耳

将泡发好的银耳让宝宝通过二指捏的动作将银耳分成一小块或一大块，如：双手扯或一手拿一手扯等，扯后将银耳放进盘中。

游戏延伸：

1. 这个阶段的宝宝自我意识比较强，喜欢自己的事情自己做。在家庭中我们可以为宝宝创设环境让宝宝动手参与，如：剥桔子、剥鸡蛋、切豆干等，在操作过程中需在成人看护下注意安全。宝宝动手参与做家务不仅可以丰富生活经验，还可以提升动手能力。

2. 莲子是一种高营养的食材，它含蛋白质和多种维生素，还含有微量元素，其中钙的含量比较高，食用莲子不但能补充营养还能起到一定的补钙作用。银耳具有提高免疫力润肺生津的作用。红枣补中益气，养血安神。这三种食材加点冰糖做成美味的莲子银耳红枣羹，好吃又好消化，深受大人小孩的喜欢。

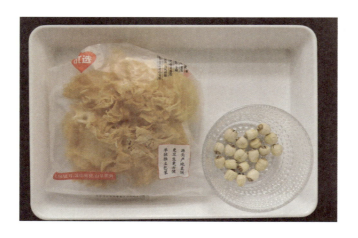

25—30个月　生活和体验　剥莲子芯扯银耳

穿山药豆

适合月龄：25—30个月

游戏价值：

通过捏、穿等动作提升宝宝的二指捏、手部的力量和手腕灵活性以及双手配合能力。

游戏玩法：

1. 家长提供4—6粒蒸熟的山药豆及长短不同的竹签让宝宝一手拿竹签，一手拿蒸熟的山药豆，通过双手配合的方式将蒸熟的山药豆穿入竹签中。

2. 在穿的过程中宝宝会出现各种情况，如：会穿进山药豆边缘、单个穿不能成串、无法控制拿山药豆的力度等，家长应及时给予支持。

游戏延伸：

1. 这个阶段的宝宝自我意识开始发展，喜欢动手操作，愿意自己吃饭和穿衣，甚至和爸爸妈妈抢着做家务。家长应创设更多的机会让宝宝参与生活劳作，如：穿通心粉、穿鞋带等。

2. 山药豆蕴含着丰富的营养素，不仅可以增加食物的口感，还能增加食物的营养价值，山药中含有丰富的维生素和植物蛋白，可以有效地提高宝宝的免疫力，增强体质。

25—30个月　生活和体验　穿山药豆

捣紫薯泥

适合月龄：25—30个月

游戏价值：

通过剥、捣、揉搓等动作，提升宝宝的二指捏能力，锻炼宝宝手部力量和手腕灵活性以及双手配合能力。

游戏玩法：

1. 将蒸熟的紫薯放凉后让宝宝尝试剥紫薯皮。

2. 剥皮后的紫薯放入捣臼里，家长帮宝宝扶着捣臼，宝宝双手握着碾子上下捣动，将紫薯捣成紫薯泥。

3. 然后倒入糯米粉，宝宝模仿家长揉紫薯糯米泥、搓成条并塞进椰枣里的动作。

游戏延伸：

1. 通过剥紫薯皮、捣紫薯泥等动作锻炼宝宝双手配合能力和手眼协调能力，通过揉捏紫薯泥等动作锻炼宝宝触觉感知能力。这个阶段的宝宝喜欢模仿成人，在生活中多给宝宝提供进厨房动手的机会，在保证安全的情况下让宝宝动手参与，如：捣花生、捣鸡蛋壳、和面等。

25—30个月　生活和体验　捣紫薯泥

挤 紫 薯 泥

适合月龄：25—30 个月

游戏价值：

通过剥、抠、挤等动手制作紫薯泥，提升宝宝双手配合能力及自我服务的能力。

游戏玩法：

1. 将蒸熟的紫薯放凉后让宝宝尝试剥紫薯皮。

2. 剥皮后的紫薯放入密封袋里并倒入少量牛奶，家长帮宝宝封住袋口，宝宝用双手揉捏成紫薯泥，家长协助用剪刀剪开袋口让宝宝双手配合将紫薯泥挤在吐司上。

3. 宝宝模仿家长抹平紫薯泥并双手配合卷成吐司卷。

25—30个月　生活和体验　挤紫薯泥

1. 这个月龄的宝宝精细动作发展比较完善，他们可以尝试剥、倒、揉、捏、挤、卷等动作，做一些力所能及的事情，而且在揉捏紫薯泥时还可以提升宝宝的触觉感知能力。家长在生活中应多给宝宝提供动手的机会，如：包水饺、择菜、扫地、挤牙膏。

切 黄 瓜 丁

适合月龄：25—30个月

游戏价值：

通过切、放等动作让宝宝独立完成操作过程，提升宝宝手腕控制力及双手配合能力，培养宝宝积累生活经验的能力。

游戏玩法：

1. 条状黄瓜切丁的方式：一手拿着切刀，一手轻轻地放在黄瓜上，做切的动作。

2. 提醒宝宝将切好的黄瓜丁放入碗里，重复进行切的动作。

游戏延伸：

25—30个月　生活和体验　切黄瓜丁

1. 可给宝宝提供生活中真实的食材如苹果、豆干、香蕉等,也可从比较容易切的食物着手如:面团、水饺皮等。通过切的游戏,不仅可以锻炼宝宝动手操作的能力,还可以让宝宝习得生活经验,体验自我服务带来的快乐。

2. 自我服务是 0—3 岁宝宝需要逐渐习得的,它对培养宝宝的独立性、自信心都很有帮助,在自我服务的基础上发展帮助他人、适应周围环境的能力,是促进宝宝成为社会人的有效方式,家长需要做的就是提供合适的材料与环境,以及更放手的支持。

语言和交流

传 声 筒

适合月龄：25—30个月

游戏价值：

通过玩传声筒的亲子游戏，提升宝宝语言表达能力、沟通交往能力，使宝宝初步感知传声筒的乐趣。

游戏玩法：

1. 家长和宝宝各拿一个纸杯，家长把纸杯放嘴巴上，宝宝则把纸杯放在耳朵上，家长与宝宝进行对话吸引宝宝倾听。

2. 家长和宝宝进行交换，鼓励宝宝尝试用纸杯进行简单对话，家长倾听。

游戏延伸：

1. 在游戏时可以转身，彼此看不见对方，增加神秘感。

2. 家长可以利用纸巾筒、麦克风吸引宝宝兴趣，鼓励宝宝大胆表达。

25—30个月　语言和交流　传声筒

看说宣传单

适合月龄：25—30个月

游戏价值：

通过看一看、说一说宣传单上的图案名称，丰富宝宝的词汇量，提升语言表达能力。

游戏玩法：

1. 提供不同的宣传单，家长指认宣传单上的图案，让宝宝尝试说出图案名称、颜色，引导宝宝主动表达。

2. 可通过"家长问宝宝找"的游戏形式，与宝宝玩指认游戏，引导宝宝用简单的句式回应并指认物品。如："宝宝找一找碗在哪里""在这里"。

游戏延伸：

1. 在日常生活中家长可通过广告牌、汽车牌、宣传栏等，有意识地引导宝宝说出物品名称。

2. 这个阶段是宝宝词语的快速增长期，也是宝宝使用语言最自然的时机，在日常生活中家长可利用情境或物品编简短的儿歌，如"饼干，脆脆。""糖果，甜甜"等，丰富宝宝的词汇。

25—30个月　语言和交流　看说宣传单

本章参与编写教师：

陈秋娜、李慧艳、王可鑫、陈月菊、陈小菁、沈九凤、方柔葭

31—36 个 月

婴幼儿日常教养环境创设与指导

一、31—36个月婴幼儿日常教养环境创设建议（手绘图）

31—36个月　起居环境平面图

31—36个月　卫生间平面图

二、31—36个月婴幼儿心理环境创设指导

（一）婴幼儿心理发展主要特点

这个月龄段的宝宝能够初步地理解他人的情绪，对同性伙伴产生移情的能力，能够渐渐地通过语言来表达自己的情绪、喜好等，能够自我安慰或者进行自我保护。例如：对于与父母分开会感觉到焦虑与不安，情况严重者会发生哭吵不安等情绪，这个是宝宝分离焦虑的表现，因为宝宝对分离的时间没有概念，害怕父母走了以后就再也见不到了。

（二）婴幼儿游戏家长支持要点

1. 可以帮助宝宝认识时间的长短，比如，"妈妈离开1分钟就回来了"，一分钟后妈妈出现告诉宝宝"妈妈1分钟就回来啦"。这样反复地训练，久而久之宝宝就知道妈妈不是永远的离开，而是离开一段时间，会再次回到自己的身边。

2. 给予宝宝足够的信任，不管何时何地，孩子还是希望可以得到父母全神贯注、持久不间断的爱、注视、喂养、玩耍和陪伴。

3. 分离焦虑是孩子自己的事情，他要学着成长，学着度过，在得到父母支持的前提下，他们其实非常乐意快点长大。

三、31—36 个月婴幼儿家庭环境创设指导

游戏区

1. 玩具柜

规格建议： 约长 70 cm×宽 29 cm×高 80 cm。

材料建议： 可提供 6—8 种，穿珠、夹豆、剪纸等材料。

操作建议： 尽量做到分类收纳，定期进行更换。

31—36 个月家庭环境　游戏区 1

2. 儿童桌椅

规格建议： 桌子约长 70 cm×宽 70 cm×高 45 cm。

椅子约宽 29 cm×高 24 cm。

材料建议： 选择的桌椅应边角圆滑，安全稳定

操作建议： 小桌子除了作为游戏桌，还可以铺上白板纸，作为宝宝的涂鸦桌。

31—36 个月家庭环境　游戏区 2

3. 托盘

规格建议：约长 32 cm×宽 25 cm。

材料建议：可提供 8 个托盘。

操作建议：游戏时陪伴宝宝双手自主取放托盘。

31—36 个月家庭环境　游戏区 3

阅读区

1. 书架

规格建议：约长 78 cm×宽 28 cm×高 60 cm。

材料建议：提供 3 层书架，摆放 9—10 本绘本

操作建议：鼓励宝宝自己取放和排列绘本。

2. 阅读桌椅

规格建议：桌子约长 70 cm×宽 70 cm×高 45 cm。

　　　　　　椅子约宽 29 cm×高 24 cm。

材料建议：提供适合宝宝身高的桌椅。

操作建议：鼓励宝宝自己翻阅和尝试讲读绘本。

31—36 个月家庭环境 阅读区 1

3. 阅读物

规格建议：选择宝宝能自己取放、翻阅的大小和重量适合的绘本。

材料建议：增加宣传单、说明书、玩偶、模型等，材质安全、卫生。

操作建议：在亲子阅读时与宝宝适时互动，可采用问答激趣、复述、情景表演等。

31—36 个月家庭环境　阅读区 2

涂鸦区

1. 涂鸦墙

规格建议：约长 100 cm×高 60 cm。

材料建议：提供涂鸦墙、浴室玻璃门或阳台瓷砖等。

操作建议：鼓励宝宝在墙上自由涂鸦，也可以在家长画好的图形上添画。

31—36 个月家庭环境　涂鸦区 1　　　　31—36 个月家庭环境　涂鸦区 2

2. 涂鸦工具

材料建议：可以给宝宝提供日常生活中随手可得的物品，如牙刷、钢丝球等进行涂鸦；提供无毒可水洗的颜料（数量3种左右）；宝宝涂鸦罩衣；无尘粉笔。

操作建议：尝试使用不同的涂鸦工具，并能将涂鸦作品与家长进行简单分享。

31—36个月家庭环境　涂鸦区3

31—36个月家庭环境　涂鸦区4

31—36个月家庭环境　涂鸦区5

31—36个月家庭环境　涂鸦区6

进餐区

1. 备餐台

规格建议： 备餐台约长 80 cm×宽 40 cm×高 50 cm。

材料建议： 提供碗、勺、筷子、吐刺盘、大碗菜等。

操作建议： 鼓励宝宝帮忙取餐具，按家庭人数分别盛少量的食物，并放到餐桌上一一摆放。

31—36 个月家庭环境 进餐区 1

2. 餐椅

规格建议： 桌子约长 40 cm×宽 51 cm×高 47 cm；

椅子约宽 35 cm×高 62 cm（桌椅分开）。

材料建议： 选择多功能的儿童餐椅。

操作建议： 组合餐椅可拆分使用，鼓励宝宝自己取放餐椅，摆放餐具，独立、有序进餐。

31—36 个月家庭环境　进餐区 2

家务区

1. 置物架

规格建议： 长 83 cm×宽 60 cm×高 94 cm。

材料建议： 可以在置物架上放置一些抹布、刷子、纸巾等日常生活用品。

操作建议： 可以将置物架放在适合宝宝取放的角落，方便宝宝自由选择操作。

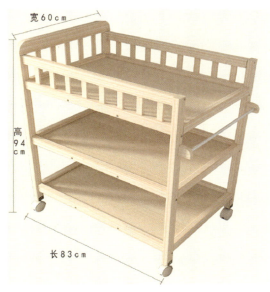

31—36 个月家庭环境　家务区 1

2. 家务工具

材料建议： 提供宝宝洗衣盆、宝宝扫帚、畚斗、拖把、废旧的牙刷和刷子等。

操作建议： 鼓励宝宝拿着自己的专属工具参与到家庭劳动中来，增强宝宝的自我服务能力，并在操作结束后将物品摆放回原来的位置。

31—36 个月家庭环境　家务区 2

约52cm
约38cm
约16cm
约13cm

31—36 个月家庭环境　家务区 3

31—36 个月家庭环境　家务区 4

31—36 个月家庭环境　家务区 5

换鞋区

1. 换鞋凳

规格建议：约长 35 cm×宽 23 cm×高 45 cm。

材料建议：选择适合宝宝身高的小椅子。

操作建议：宝宝能独立穿脱鞋子并能有序摆放。

31—36 个月家庭环境　换鞋区 1

2. 衣帽钩

规格建议：约长 20 cm×宽 5 cm×高 50 cm。

材料建议：落地或悬挂。

操作建议：宝宝能将自己的小物品挂在挂钩上，如：小书包、小帽子等。

31—36 个月家庭环境　换鞋区 2

盥洗区

1. 洗漱用品

规格建议：

牙膏：约长 15 cm×宽 9 cm×高 6 cm。

牙刷：约高 11.5 cm×宽 5 cm。

牙杯：约高 9.5 cm×宽 8.5 cm。

毛巾：约长 30 cm×宽 30 cm。

材料建议：儿童牙刷(软毛)、牙膏(无含氟)、小毛巾、水杯等。

操作建议：宝宝能独立完成洗漱并将物品归回原位。

31—36 个月家庭环境　盥洗区 1

2. 垫椅

规格建议：约长 31 cm×宽 23 cm×高 16 cm。

材料建议：首选无棱角、防滑，安全稳固的。

操作建议：提供适合高度的垫椅让宝宝能独立洗手洗脸。

31—36 个月家庭环境　盥洗区 2

3. 儿童马桶

规格建议：约长 40 cm×宽 27 cm×高 37 cm。

材料建议：可放置在成人马桶上的无扶手儿童马桶。

操作建议：宝宝能独立如厕。

31—36 个月家庭环境　盥洗区 3

休息区

1. 衣柜

规格建议：高 120 cm×长 120 cm×宽 40 cm。

材料建议：提供衣架、收纳筐、抽屉。

操作建议：尽量做到分类收纳，如衣服、裤子按标志分类收纳，供宝宝自主选择，尽量让宝宝能自己换衣服。

31—36 个月家庭环境　休息区 1

2. 穿衣镜

规格建议：高 92 cm×长 40 cm×宽 30 cm。

材料建议：提供面霜、梳子、小配饰等。

操作建议：鼓励宝宝自己整理着装，自己涂面霜。

简约百搭
WHITE
——
白色

可放置宝宝玩偶，发卡，墨镜等小配饰。

31—36 个月家庭环境　休息区 2

四、31—36个月婴幼儿日常教养材料提供建议

31—36个月的婴幼儿大脑的各领域都趋于成熟,原有的能力发展不断完善。到了这个时期,平衡感得到发展,能够连续跳跃数次、单脚跳等,并喜欢玩抛球和接球的小游戏。随着思维和动作的发展,婴幼儿产生"自己动手"的强烈愿望,家长可以利用一些简单的工具来锻炼宝宝的精细动作。同时,这一时期的婴幼儿处于自我言语阶段需要一个自由表达的环境,家长要及时抓住这个特点,引导他自由畅快地说,并及时纠正其语言上的错误。

31—36个月月龄的孩子可通过以下游戏来提高婴幼儿各方面的能力,主要包括"感知和运动""认知和表现""社会和情感""生活和体验""语言和交流"五个领域的日常小游戏,具体如下:

感知和运动

适合月龄：31—36 个月

游戏价值：

通过亲子互动揪尾巴小游戏，提升宝宝躲闪的能力及动作的灵敏性，体验亲子活动带来的乐趣。

游戏玩法：

1. 把纱巾塞在家长或宝宝的裤腰上当尾巴，宝宝揪家长身后的尾巴或家长揪宝宝身后的尾巴，游戏中不断互换角色，直到尾巴揪到为止。

2. 游戏过程中家长在保护好尾巴的同时要注意宝宝的安全。当宝宝对游戏不感兴趣时，家长应及时调整跑的速度或互换角色，游戏中注意不要让宝宝跑得太急太快，小心宝宝摔倒等。

31—36 个月　感知和运动　揪尾巴

游戏延伸：

1. 这一阶段的宝宝虽然走、跑、跳等动作已基本掌握，但动作间的协调性还不够好，尤其是躲闪能力，还不足以做到灵活躲闪，因此需要家长的配合，通过游戏的形式提升宝宝的这一动作能力。

2. 游戏不仅使宝宝亲身体验到与家长共同游戏的快乐，更增加了宝宝的兴趣，3 岁前的宝宝家长应该多陪伴，平常可以利用周末时间陪宝宝到公园玩耍，或和同龄的宝宝共同玩耍。

穿 字 母 面

适合月龄：31—36 个月

游戏价值：
宝宝通过双手配合将鱼线穿进字母面里，提升宝宝手眼协调及双手配合能力。

游戏玩法：

1. 宝宝先用左手拿起鱼线一端，右手拿字母面，鱼线对准字母面洞穿过去。接着左手食指、拇指捏住字母面，右手拉住鱼线一端将鱼线拉出来。再用右手拿字母面，从左到右，一粒一粒从鱼线上穿过去。

2. 穿完以后，家长可将鱼线头尾打结变成项链，挂在宝宝或家长的脖子上，增加游戏的趣味性。

3. 鱼线比较细，如果宝宝很难穿过洞眼，家长可以适当帮助或是鼓励宝宝，让宝宝体验成功。

游戏延伸：

1. 家庭里可给宝宝准备串珠，对于还不熟悉穿的动作的宝宝可提供大孔珠子和硬绳，降低难度让宝宝体验成功。

2. 宝宝对穿的动作很熟练后，家长可提供细绳、孔小的珠子让宝宝练习，提升难度，提高手指的灵活性。

31—36个月　感知和运动　穿字母面

滚 香 肠

适合月龄：31—36个月

游戏价值：

通过朝一定方向翻滚身体进行游戏,提高宝宝的应变能力和身体灵活性。

游戏玩法：

1. 准备一块软垫,家长手脚着地成下犬式,宝宝横躺在家长肚子下方,家长往前爬,宝宝跟着朝同一方向滚动,家长往后退,宝宝跟着往回滚动。

2. 游戏可配上轻快的音乐,待动作熟练时适时调整速度,激发宝宝游戏的兴趣,提高宝宝身体的灵活性。

游戏延伸：

1. 在垫子上铺上浴巾,宝宝躺在大浴巾上,家长助推宝宝滚动,直到浴巾全裹在身上,家长再拉住浴巾一边,宝宝再滚出来。家长可以配上郎朗上口的儿歌:"滚呀,滚呀,滚香肠,抹上油,刷一刷,香肠滚好了",调动宝宝的积极性。

2. 家长可以在宝宝衣服后面贴上反转透明胶,在垫子上撒上纸片,让宝宝用滚的方式把纸片粘在衣服上,增加游戏的趣味性,提高宝宝的身体灵活性。

31—36 个月　感知和运动　滚香肠

开 始 和 停 止

适合月龄：31—36 个月

游戏价值：

借助自制响瓶感知乐曲旋律中开始、停止的节奏变化,尝试用身体动作的不同表现,提高宝宝的应激反应和双脚跳的能力。

游戏玩法：

1. 家长选一首宝宝熟悉的音乐,当音乐开始时摇晃响瓶,停止时可以做出不同身体反应动作(如响瓶藏在背后,放在头上等)。引导宝宝发现、感知乐曲旋律中开始与停止的节奏变化。

2. 当音乐停止时,引导宝宝跳进一个呼啦圈或用绳子围成的圈里,音乐响起时跳出圈外再次游戏。

游戏延伸：

1. 这个阶段的宝宝有了规则意识,可以一起玩指令性游戏,根据游戏的指令做出相应的动作,提高应变能力。

2. 如亲子游戏《木头人》,儿歌:我们都是木头人,一不许动、二不许笑、三不许露出白牙齿。家长和宝宝边念儿歌边拍手,念到"一不许动、二不许笑",宝宝要停止动作做木头人,家长这时可逗引宝宝,增加亲子关系。

31—36个月 感知和运动 开始和停止

螃蟹爬捡球

适合月龄:31—36个月

游戏价值：

通过手脚着地横向爬捡物,提高宝宝手脚的支撑力及身体的灵活性。

游戏玩法：

1. 家长用家里的卷芯纸排成一列,在另一侧对应放一排一次性杯子,杯子外放一个小球,宝宝身体跨过纸巾手脚着地横向爬,移动一步。宝宝单手将小球捡起放入杯子内,依次将小球捡入直到终点。

2. 家长可和宝宝一起游戏,家长先在前爬做示范,鼓励宝宝模仿。第一次玩宝宝可以先熟悉横爬的动作,待动作熟练后,再加入捡物的动作。

游戏延伸：

1. 如果家里没有卷纸芯也可以用其他的玩具代替,作为爬的界线。

2. 可以引导宝宝用两只手和两只脚在卷纸的两侧往前爬行的方式进行游戏,提高宝宝身体的控制力。

31—36 个月　感知和运动　螃蟹爬捡球

筛小米和黑豆

适合月龄:31—36 个月

游戏价值:

通过用漏勺将小米和黑豆进行分离,感知物体的大小,提升宝宝手腕控制力。

游戏玩法:

1. 家长给宝宝准备两个空碗、一个漏勺、一个装有小米和黑豆的碗,先引导观察认识小米和黑豆,比一比哪个颗粒大,哪个颗粒小。

2. 宝宝拿起漏勺将小米和黑豆舀起放入另一个碗中,过程中小米会从漏勺洞洞里漏下来,引导宝宝看看什么食物会留在勺子里,再将留在漏勺里的黑豆放入另一个碗里。

游戏延伸：

1. 在家里可以提供面粉、绿豆让宝宝用有网格的勺子进行分离。也可以给宝宝提供绿豆、黄豆让宝宝用漏勺进行分离，看哪个会留在勺子里，哪个会掉下来，感知物体的大小。

2. 提供的物品比较小，注意宝宝不要将食物放入口鼻内，在成人看护下进行。

31—36 个月　感知和运动　筛小米和黑豆

认知和表现

扑 克 牌

适合月龄：31—36 个月

游戏价值：

通过各种游戏方式让宝宝对扑克牌进行配对，提升宝宝对不同形状、大小的物体进行配对的能力，提高宝宝的专注力、观察力和记忆力等。

游戏玩法：

1. 提供 4 以内数字的红心、黑桃、方块等三种颜色让宝宝自由玩。

2. 宝宝对牌有点熟悉后，可以有针对性地对宝宝进行颜色、形状、数的认知并进行配对。

游戏延伸：

1. 扑克牌在生活中经常可见，通过玩不同的扑克游戏可以提升宝宝多方面的能力，如：配对、点数，认识扑克牌的花色，进行颜色分类等。随着宝宝的成长，还可以玩比大小的游戏，和学习加减法。

2. 除了扑克牌以外，31—36 个月月龄的宝宝语言表达更加清晰，喜欢动手操作、与同伴合作。此阶段还可以通过宝宝合作交流、动手操作、语言表达激发数学潜能。如：

（1）排序操作：让宝宝管理小汽车，帮小汽车排队。

（2）计数操作：可以通过多种形式进行唱数（走路、上楼梯、蹦跳、玩玩具等）、点数（按数取物的能力，此阶段可以操作到 3 个物体）。

（3）方位操作：家长通过亲子间的位置关系建立前后的方位经验（谁在妈妈前，谁在宝宝后）。

31—36 个月　认知和表现　扑克牌

鞋 子 配 对

适合月龄：31—36 个月

游戏价值：

通过参与收拾鞋柜让宝宝尝试对家里的各种鞋进行配对，感知方位词"左右"。

游戏玩法：

1. 家长首先将家庭中不同款式大小的鞋散落在地上。

2. 请宝宝将一双双鞋子摆放到鞋柜上，在寻找的过程中告诉宝宝："宝宝的鞋是一双，一双是两只；爸爸妈妈的鞋是一双，一双是两只。"

3. 家长观察宝宝找到后是否能有意识地进行左右脚配对，然后再将配对好的鞋子放入鞋柜中，同时通过儿歌渗透的方式告诉宝宝左右鞋的正确摆放。

4. 活动后要及时提醒宝宝洗手。

游戏延伸：

1. 宝宝获得空间方位词的水平随年龄增长而提高，大致的顺序是：上下、前后、左右等。在家可以一起整理物品，描述房间的布置，买菜回来让孩子把菜放进冰箱里等，渗透方位词上下、里外。家长要给宝宝正确的方位语言提示，只有当宝宝听到规范的、细致的描述时，他们才能学会这些词汇，如：宝宝的鞋子在鞋柜的第二层、宝宝的衣服在柜子里、帽子在宝宝的头上、玩具在柜子底下等。

2. 匹配的游戏和方式有很多，如：大小、真实实物与图片等，宝宝通过真实的实物（鞋）进行配对，生活中可以通过各种机会让宝宝认识成对的物品，了解物品间相互依存的关系。材料的选择可以是生活化的，瓶子、杯子、桌椅等都可以进行这方面练习。

31—36 个月　认知和表现　鞋子配对

棉 签 画

适合月龄：31—36 个月

游戏价值：

通过玩棉签画游戏，提升宝宝手指灵活性并感知不同颜色的变化。

游戏玩法：

1. 提供棉签、儿童颜料、画纸，家长引导宝宝用二指或三指捏住棉签的一端，另一端蘸取喜欢的颜料在画纸上自由涂鸦。

2. 在活动的过程中，家长先在一旁耐心观察，鼓励宝宝大胆尝试，根据情况及时给予适当帮助，引导宝宝尝试不同玩法，如点画、直线画、画圆等。

游戏延伸：

1. 在家还可提供多根棉签捆绑在一起在鞋盒、纸筒、瓶子等物品上进行创作。

2. 利用家庭中的环境，如浴室、阳台等瓷砖墙面，让宝宝进行创作。

3. 家长在宝宝创作时,注意宝宝的安全。如担心宝宝把衣服弄湿、弄脏,可以给宝宝穿上防水反穿衣。

31—36个月　认知和表现　棉签画

瓶盖找朋友

适合月龄:31—36个月

游戏价值:

通过对瓶盖上的图案进行配对,提升宝宝的认知能力和逻辑思维能力。

游戏玩法:

1. 提供不同图案的底板和相对应的瓶盖。家长观察宝宝是否能根据瓶盖上的图案找到相应图案的底板。

2. 待宝宝熟悉图案后,家长与宝宝进行亲子小游戏"我说你找"。家长说出图案内容,宝宝则指出相应图案。

游戏延伸:

1. 在家庭中还可以利用瓶盖玩颜色配对分类游戏。游戏玩法:在纸上画出不同颜色的小汽车,在瓶盖上涂相应的颜色,留出轮胎的位置让宝宝根据颜色进行配对。

2. 可利用日常生活中的不同物品,如鞋子、可乐瓶、袜子等,进行大小、高矮、长短的分类和配对。

31—36 个月　认知和表现　瓶盖找朋友 1

头发肩膀膝盖脚

适合月龄：31—36 个月

游戏价值：

通过感受音乐的变化，让宝宝找到身体的各个部位，进行表达表现。

游戏玩法：

1. 家长和宝宝一起清唱儿歌，等宝宝熟悉儿歌韵律后再边唱儿歌边尝试用双手找出身体的相应部位。

2. 家长和宝宝一起参与音乐游戏进行互动，可根据音乐互相触碰对方的身体部位，激发宝宝的兴趣，调动宝宝的情绪。

游戏延伸：

1. 家长也可以利用生活中的材料制作乐器，如在矿泉水瓶里放适量红豆变成沙锤，让宝宝根据儿歌节奏的变化进行演奏。

2. 这个阶段的宝宝动作与音乐的协调能力逐渐提高。家长可选择一些宝宝熟悉的儿歌如"小星星""两只老虎"，鼓励宝宝根据儿歌韵律节奏自由地表达表现。

31—36 个月　认知和表现　头发肩膀膝盖脚

社会和情感

纸杯表情变变变

适合月龄：31—36个月

游戏价值：

通过旋转纸杯，让宝宝感受纸杯中人物的表情变化所带来的情绪体验。

游戏玩法：

1. 提供两个纸杯，一个纸杯画人物轮廓并把脸部轮廓镂空，一个纸杯画脸部表情。家长把纸杯叠在一起，引导宝宝旋转纸杯，观察表情的不同。

2. 家长先在一旁耐心观察宝宝看到纸杯不同表情时的情绪变化。引导宝宝用语言或面部表情进行表达。

游戏延伸：

1. 家长和宝宝在家可以用纸上画出人物头像，准备2条长纸，分别在长纸上画上不同情绪时的眼睛和嘴巴。家长说出情绪，让宝宝找到对应情绪的表情，提高宝宝对情绪的认知能力。

31—36个月　社会和情感　纸杯表情变变变1

2. 家长在家也可以通过情绪儿歌《我的表情变变变》与宝宝一起做与情绪相应的表情，让宝宝正确认知各种情绪。

请到我家来做客

适合月龄：31—36个月

游戏价值：

宝宝通过扮演不同角色，使用礼貌用语进行互动交流，提升社会情感体验。

游戏玩法：

1. 宝宝扮演小主人或是客人，模仿成人倒茶、端水游戏，能用礼貌用语"请""谢谢""再见"等与同伴交流、互动。

2. 宝宝在玩扮演角色游戏时如果没有同伴加入，家长可以一起加入游戏，与宝宝互动，让宝宝模仿成人使用礼貌用语，促进游戏开展。

游戏延伸：

1. 这个阶段宝宝喜欢扮演、模仿成人做家务的动作，家长可给宝宝提供小锅、青菜，让宝宝模仿成人炒菜，宝宝炒好菜后，家长用礼貌用语和宝宝互动。

2. 在日常生活中，家长与宝宝交流要有意识地渗透礼貌用语，让宝宝潜移默化习得，并能运用自如。

31—36个月　社会和情感　请到我家来做客

生活和体验

剥 毛 豆

适合月龄：31—36 个月

游戏价值：

通过摘、剥、抠等动作取出毛豆,提升宝宝双手配合能力及手眼协调能力。

游戏玩法：

1. 在取毛豆前家长用儿歌渗透的方式激发宝宝剥毛豆的兴趣,如：毛豆荚,真可爱,小朋友,把门开,豆宝宝,出来了。

2. 在剥的过程中宝宝会通过各种动作取出豆子,如：抠、咬等,家长应该支持宝宝表现出的各种行为。

3. 当宝宝不愿意操作时家长再适时帮助,在毛豆上先剥开一个小口,再让宝宝来剥,让宝宝体验成功的感觉。

游戏延伸：

1. 该月龄的宝宝已经是厨房里的小帮手了,在家庭中家长可以让宝宝做一些力所能及的事情,如：请宝宝参与择菜(空心菜、豇豆、豌豆等),体验不同的难易程度。让宝宝习得简单生活技能,发展手部精细动作、掌握生活劳动技能,体验劳动和成功的快乐。

31—36 个月　生活和体验　剥毛豆

2. 剥完的毛豆让宝宝观察颜色、大小、形状,还可伴随唱数：1、2、3……调动宝宝参与的积极性。

剥 玉 米 粒

适合月龄：31—36个月

游戏价值：

通过"剥""抠"等动作，提升宝宝手部肌肉的控制能力及手眼协调能力，积累生活经验。

游戏玩法：

1. 提供不同状态的生玉米（如：玉米块、剥好几粒的玉米块、整根玉米棒等）让宝宝自由选择。

2. 当宝宝将玉米粒剥或抠下来时，家长观察宝宝剥玉米的方法，如：剥的方向、剥的力度，根据宝宝的情况家长适时给予帮助。

3. 剥完后的玉米粒倒入锅中，煮熟后让宝宝观察并品尝。

游戏延伸：

1. 随着月龄的增长，宝宝的双手越来越灵活了，可以做更多的事情了，此活动宝宝不仅仅只是单纯学习使用"剥""切""抠"等方法，更多的是锻炼手部精细动作使其小手越发灵活，同时还可以养成坚持、专注、探索的品质，丰富生活经验。

2. 在生活中可以给宝宝多提供自我服务的机会如剥豆子、剥花生等。

31—36个月　生活和体验　剥玉米粒

搓 汤 圆

适合月龄：31—36 个月

游戏价值：

通过揉搓面粉做成汤圆，提升宝宝双手配合能力及手指的灵活性。

游戏玩法：

1. 取适量糯米粉放入盆中，家长根据宝宝的情况适时加入 50 度温水后让宝宝搅拌成团。

2. 搓汤圆时宝宝会出现各种搓的动作，如：双手前后搓、手心绕圈搓、手揉捏糯米团等。

3. 当宝宝不愿意搓时，家长可以和宝宝一起面对面搓，让宝宝模仿家长的动作。

游戏延伸：

1. 家庭中制作汤圆可以加入紫薯做成紫色汤圆，也可加入红心火龙果做成红色汤圆，色彩鲜艳可以激发宝宝的动手能力和食欲。平时家庭生活中制作美食也可以请宝宝帮忙，如：制作面片、包扁食、包水饺等，宝宝会很乐意动手操作和帮忙的。

2. 平日里经常给宝宝一些小工具，请他帮忙扫地、擦桌子等。过生日或家中来客人时请宝宝帮忙切生日蛋糕、分水果等。鼓励宝宝自己用沐浴球洗澡，用毛巾擦身子、洗脸等，学习自己照顾自己。

翻炒莲子糕

适合月龄：31—36个月

游戏价值：

通过剥、倒、捏、挤、翻炒等动作制作莲子糕，提升宝宝二指捏及双手配合的能力，积累宝宝对莲子的认知及体验成功的喜悦。

游戏玩法：

剥开莲子——取出莲子芯——倒进密封袋用双手捏——倒入面粉白砂糖再次双手捏——挤到碗里——进行翻炒——莲子糕搓圆放进磨具按压敲出模型——放入烤箱。

游戏延伸：

1. 生活中多给宝宝进厨房的机会让宝宝动手参与，如：参与制作月饼、择菜等，但得在成人看护下注意安全。参与家务劳动不仅可以满足宝宝动手操作的愿望，还可以让宝宝习得生活经验。

2. 宝宝制作时需要成人陪同，适时给予帮助，注意安全。

31—36个月　生活和体验　翻炒莲子糕

挤 肉 丸

适合月龄：31—36 个月

游戏价值：

通过倒、搅拌、挤等动作制作肉丸，提升宝宝双手配合能力及手眼协调能力。

游戏玩法：

1. 调好肉泥让宝宝倒入鸡蛋、适量淀粉、盐、生抽、香油等，用筷子模仿家长搅拌均匀。

2. 手心沾点水湿润一下，取一勺肉泥放在手心里，然后轻轻握拳，圆圆的丸子从拇指和食指中挤出来了。

3. 在游戏过程中宝宝会出现握拳力度掌握不好肉泥从指缝挤出来、挤不出、不愿意挤等状况，家长通过语言或动作鼓励宝宝，或提供适合的工具让宝宝操作。

4. 在保证安全的情况下让宝宝观看肉丸放进锅里煮熟的过程，再让宝宝品尝。

游戏延伸：

1. 家庭中在保证安全的情况下可以让宝宝进厨房观看烹饪过程，培养宝宝从小热爱劳动的好习惯。

2. 平日里经常让宝宝制作美食，如搓汤圆、按压面片、制作香肠等，让宝宝体验为他人服务的乐趣。

31—36 个月　生活和体验　挤肉丸

刨黄瓜皮

适合月龄：31—36个月

游戏价值：

通过刨、切黄瓜，促进宝宝双手互动的协调性，提升宝宝手腕的力量和控制力，体验自我服务的乐趣。

游戏玩法：

1. 将黄瓜平放（或倾斜）在砧板上，一手扶住黄瓜，一手拿着刨皮刀轻按在黄瓜上，由左至右将黄瓜皮刨下来。

2. 家长先将黄瓜切成条，再鼓励宝宝尝试将黄瓜条用塑料小刀切成丁。

3. 将黄瓜丁加入炒好的平菇煮汤，起锅前调味，品尝美食。

游戏延伸：

1. 在操作过程中注意宝宝的安全，不触碰刨皮刀的刀口。

2. 提供宝宝模仿家长做事的机会，如刨土豆皮、剥豆、择菜、扫地、擦桌、洗袜子、分碗筷等。帮助宝宝学习自己穿衣裤、鞋袜等，提高其自我服务的意识和为他人服务的能力。

31—36个月　生活和体验　刨黄瓜皮

绕菠菜卷

适合月龄：31—36个月

游戏价值：

通过揉、搓、绕等动作制作菠菜卷，提升宝宝双手配合能力及自我服务能力。

游戏玩法：

1. 家长将菠菜焯水打成菠菜汁，让宝宝倒入适量面粉、酵母粉和白糖。

2. 宝宝模仿家长的动作不停地揉搓，将面粉揉搓成光滑面团，再将面团搓成长条在香肠上绕圈，在搓和绕的过程中可能宝宝无法控制搓的长度及力度，绕圈时会重叠绕、排列绕等。家长应该支持宝宝自由探索，当宝宝不愿意操作时家长可以及时介入引导。

游戏延伸：

1. 该月龄的宝宝自我意识相对明显，有自己的想法；喜欢动手操作，并乐意模仿家长。生活中可以让宝宝多做一些力所能及的事情，家长应多给宝宝提供动手的机会，如：包水饺、制作汤圆时可以让宝宝参与和面的过程，提升宝宝的触觉感知能力。

2. 不仅可以用菠菜，还可以用紫薯、胡萝卜等做成色彩丰富又营养的面食，如彩色馒头、各种卡通造型的面食。这样，既能让宝宝自己动手操作又能品尝美食，还能增进亲子之间的感情。

31—36个月　生活和体验　绕菠菜卷

语言和交流

童谣《小兔乖乖》

适合月龄：31—36个月

游戏价值：

通过说唱童谣，不断对宝宝进行言语方面的刺激，引发宝宝对经典童谣语句、韵律的兴趣，提升宝宝的语言表达能力。

游戏玩法：

1. 宝宝边听家长或音频念童谣《小白兔》，边看家长用肢体表现，逐渐开始学着说，并模仿肢体动作。

2. 家长可以准备小兔子玩偶或头饰等材料。家长与宝宝反复练习童谣，直至能一起边做动作边说唱童谣。鼓励宝宝在家人或同伴面前尝试独自说唱表演。

31—36个月　语言和交流　童谣《小兔乖乖》

游戏延伸：

1. 提供经典的儿歌童谣，或生活中的挂图、声响类图书、音频设备等，与宝宝一起指认形象、讲故事、学说话、接龙说唱、互动交流等，引发宝宝的模仿和表达。

2. 宝宝在游戏初期，往往只有看和听的行为表现，家长应充分接纳宝宝的行为，等待宝宝吸收后的自然反馈，并创设环境增加试听刺激，激发宝宝表达。

大大和小小

适合月龄：31—36 个月

游戏价值：

通过亲子互动游戏,帮助宝宝说出"大大的""小小的"等形容词,提高宝宝语言表达能力。

游戏玩法：

1. 家长将大小不同的两个球分别放在两个纸箱里,打乱纸箱的顺序请宝宝来猜箱子里球的大小。如"大大的球在哪个箱子里?""小小的球在哪个箱子里?"

2. 家长引导宝宝回答完整句式,如"大大的球在这个箱子里"或"小小的球在这个箱子里",并打开纸箱验证猜想。

3. 家长再次将大小不同的两个玩偶分别放在两个纸箱里,请宝宝猜想和验证。

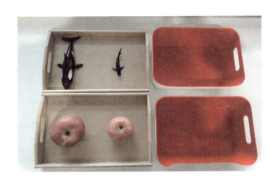

31—36 个月　语言和交流　大大和小小 1

游戏延伸：

1. 在家可以与宝宝玩猜想游戏,引导宝宝比较"多和少""长和短"等,理解它们的明显差异,也可以引导宝宝认知形状、颜色。

2. 在宝宝刚开始玩游戏时,家长可提供大小不同的纸箱给宝宝一个暗示,让宝宝体验成功。等宝宝熟悉游戏后,家长可提供大小相同的纸箱增加游戏难度。

3. 在真实的生活情景中帮助宝宝理解词汇,并鼓励宝宝反复运用,丰富宝宝的语言。

本章参与编写教师：

陈秋娜、陈月菊、方柔葭、李慧艳、王可鑫、沈九凤、陈小青